职业教育市场营销专业精品教材



# 经济法基础与实务

秦伟　白素华　主编

電子工業出版社
Publishing House of Electronics Industry
北京 • BEIJING

**内容简介**

本书是职业教育（中职、高职）市场营销专业精品教材。本书主要内容包括经济法基础知识、企业法、公司法、合同法、工业产权法律制度、反不正当竞争法、消费者权益保护法、产品质量法、价格法、经济仲裁和经济诉讼等。每章后面附有实训活动、思考与练习（包括案例分析）。

本书可供中、高等职业院校财经营销类专业学生使用，也可作为市场营销、经济管理类专业岗位培训教材和相关人员自学用书。



**图书在版编目（CIP）数据**

经济法基础与实务 / 秦伟，白素华主编．—北京：电子工业出版社，2013.6

职业教育市场营销专业精品教材

ISBN 978-7-121-20548-4

Ⅰ．①经… Ⅱ．①秦… ②白… Ⅲ．Ⅲ．①经济法－中国－中等专业学校－教材 Ⅳ．① D922.29

中国版本图书馆 CIP 数据核字（2013）第 113417 号

策划编辑：陈　虹
责任编辑：陈　虹　　特约编辑：俞凌娣
印　　刷：涿州市京南印刷厂
装　　订：涿州市京南印刷厂
出版发行：电子工业出版社
　　　　　北京市海淀区万寿路 173 信箱　邮编　100036
开　　本：787×1 092　1/16　印张：13.5　字数：345.6千字
印　　次：2013 年6月第1次印刷
印　　数：3 000册　　定价：29.80元

# 前　　言

《国务院关于大力发展职业教育的决定》中提出：“职业教育要坚持以就业为导向，深化职业教育教学改革。”我国产业结构调整、生产技术进步和社会经济的快速发展，为职业教育事业发展提供了巨大的推动力量和广袤的发展空间，同时也对职业教育教学改革提出了新的要求和挑战。

本书围绕职业教育“以能力为本位，以就业为导向”的培养目标，对经济法的理论、法律法规等方面进行了科学的论述，具有较强的实用性、指导性和可操作性；本书注重理论与实际相结合，在内容上基于经济法基础理论知识和经济法相关法律在第一线的岗位需求，通过案例和实训活动解决经济法的实际应用问题，加强职校生实践能力的培养。

本书体现“以能力为本位，以学生为主体，以实践为导向”的职业教育教学指导思想，立足职业学校市场营销等经济管理类专业学生就业岗位群的实践要求，注重对学生岗位实践能力和综合职业能力的培养。本书将经济法基础主要内容划分为经济法基础知识、企业法、公司法、合同法、工业产权法、反不正当竞争法、消费者权益保护法、产品质量法、价格法、经济诉讼和经济仲裁等教学模块。在表达方式上通俗易懂、深入浅出，符合职业院校学生的阅读和学习习惯；在内容选择上重视实用性，既有必备理论和法律知识，又有岗位实际应用实例和训练，对知识点尽量图表化，力求表述简明，技能训练力求任务化，体现实用性。

本书的突出特点表现在内容结构的编排和注重实用和操作上，并与当前的有关制度和企业情况密切联系。本书共分为十章，具体章节设置如下：

（1）每章正文前提出学习目标及任务描述，之后由案例引入正文。通过导入案例吸引学生对本章学习内容的关注，从而产生学习兴趣。

（2）在正文中除阐述基础知识、基本理论外，还插入了和正文密切相关的案例及案例分析、知识链接、小贴士等，增加了内容的可读性和知识的新颖性，加深了学生对知识的理解，开拓了视野。

（3）章后安排有实训活动，体现学科的应用性，培养学生的职业意识和岗位实践能力，全面激发学生的主动性和参与性。

（4）全章最后是思考与练习，方面学生加深对知识的理解、掌握和巩固所学知识点。

全书“理论+实训+练习”的一体化设计，使学生在熟悉一定的理论知识的基础的同时全面系统地掌握现行的一般业务处理技术与方法，成为具有一定理论水平又能操作的高级适用型经济管理人才。

本书由南京市职业教育教研室秦伟和南京金陵中等专业学校白素华担任主编。第1章、第2章、第7章、第10章由南京金陵中等专业学校白素华编写；第4～6章由南京市职业教育教研室秦伟编写；第3章、第8章、第9章由南京金陵中等专业学校甘迎春编写。本书在编写过程中得到南京市职业教育教研室、南京金陵中等专业学校等单位的大力支持和帮助，同时，还参阅了许多专家学者的著作、教材，在此一并表示衷心的感谢。

由于时间仓促，加之编者水平有限，本书难免有疏漏之处，在此恳请读者批评指正。

编　者

# 目　录

# 第1章

# 经济法基础知识

## 学习目标

（1）理解经济法的概念及调整对象。
（2）了解经济法的特征和作用。
（3）掌握经济法的基本原则。
（4）理解经济法律关系。

## 任务描述

理解经济法的相关理论，为后面学习经济法的相关法律打下理论基础。

## 导入案例

某公司与陈某签订了一份为期5年的门面房租赁合同。合同签订后，陈某依合同约定履行义务，但在第3年，该公司要求陈某增加租赁费，否则解除租赁合同。后双方协商不成，发生纠纷。

## 案例思考

（1）你认为该公司与陈某之间是否形成经济法律关系？

（2）经济法律关系由哪些要素组成？

# 1.1 经济法概述

改革开放以来，我国的社会主义法制不断完善，经济法具有确立市场主体地位和资格、维护市场秩序、规范市场主体行为、加强国家宏观调控、确保劳动和社会保障等功能。学习和了解经济法有关基础知识，对于在今后的经济活动中正确行使权利，履行职责和义务，依法从事生产经营和服务，具有十分重要的意义。

**知识链接**

**关于经济法概念的最早使用**

经济法这一概念早在18世纪就已在法国空想社会主义者摩莱里的名著《自然法典》中首先被提出，但现代意义上开始使用并研究经济法的概念，却是在20世纪以后由德国法学家进行的。德国学者莱特在1906年创刊的《世界经济年鉴》中也使用了经济法这一概念。此后经济法被越来越多的人承认和接受，并被广泛地应用于经济领域的立法当中。在立法上首先使用经济法概念的国家是德国，它于1919年颁布的《煤炭经济法》是世界上第一部用经济法命名的法规。在20世纪二三十年代的美国、英国和日本，经济立法也广泛出现，并在事实上形成了新的独立的法律部门。捷克斯洛伐克于1964年颁布的《捷克斯洛伐克社会主义共和国经济法典》是世界第一部将经济法系统化的经济法典。

我国从1979年开始，在全国人民代表大会的文件和中共中央、国务院的文件中，以及在第九届全国人民代表大会常务委员会制定的五年立法规划中，都使用了经济法这个概念。与此同时，在我国的法学专著、论文、工具书、资料中，也广泛地使用了经济法的概念。

## 1.1.1 经济法的概念

经济法是国家在组织、协调、管理社会经济活动中所发生的经济关系的法律规范的总和。

在理解这个概念时注意：① 经济法不是一部法典，而是由若干个经济法律法规组成的；② 经济法属于法的范畴，与其他法律部门有普遍联系；③ 经济法调整的是一定范围的经济关系，因而与其他法律部门有根本的区别。

## 1.1.2 经济法特征

（1）经济法的调整对象具有特定性。

经济法的调整对象不是一切经济关系，是一定范围的特定经济关系，具体包括经济管理关系、维护公平竞争关系、经济组织内部经济关系。

经济管理关系是指国家组织领导与管理国民经济所形成的经济关系，包括宏观管理和微观管理。

维护公平竞争是指国家为了维护市场经济的正常运行和保持其活力，在采取相应的措施维护、促进或限制竞争过程中形成的经济关系。

经济组织内部的经济关系是指经济组织在经济活动过程中发生的各种经济管理关系。

（2）经济法的内容具有经济性。

立法机关往往把经济制度、经济活动的内容和要求通过一定的程序上升为法律。经济法反映了经济生活的基本经济规律，为社会主义市场经济服务。

（3）经济法的调整方法具有多样性。

经济法既有授权性调整方法，也有禁止性、限制性的调整方法；既有奖励性的调整方法，也有惩罚性、补偿性的调整方法；对经济违法者，既可以追究民事责任，在某些情况下，还可以追究行政责任和刑事责任。

（4）经济法的发展变化具有政策性。

国家的经济政策虽然有一定的稳定性，但随着社会主义市场经济的不断发展和完善，经济政策也应随之发生变化，经济法要随时根据国家意志的需要赋予政策以法的效率，并根据经济政策的变化而变化。

### 1.1.3 经济法的形式

经济法存在或表现的主要形式有以下几种。

（1）宪法。宪法是国家的根本大法，它规定了国家的根本制度和根本任务，具有最高法律效力。宪法中规定的经济制度等是经济法的重要渊源。

（2）法律。法律是由全国人民代表大会及其常务委员会制定的规范性文件，在地位和效力上仅次于宪法。法律是经济法的重要渊源，现行的经济法大部分是以这种形式表现出来的。如《中华人民共和国全民所有制工业企业法》、《中华人民共和国公司法》、《中华人民共和国价格法》等。

（3）行政法规。行政法规是指作为国家行政机关的国务院根据宪法和全国人民代表大会及其常务委员会的授权制定的规范性文件，其地位和效力仅次于宪法和法律。如《中华人民共和国外汇管理条例》、《全民所有制工业企业转换经营机制条例》、《国务院关于鼓励外商投资的条例》、《股票发行与交易管理条例》、《中华人民共和国企业法人登记管理条例》等。

（4）地方性法规。地方性法规是省级人民代表大会及其常务委员会省级政府所在地的市和经国务院批准设立的较大的市的人民代表大会及其常务委员会制定的规范性文件。地方性法规不得与宪法、法律和行政法规相抵触。

（5）部门规章和地方规章。部门规章是指国务院的组成部门及其直属机构在其职权范围内制定的规范性文件。地方规章是指省级政府以及省级政府所在地的市和经国务院批准设立的较大市的市政府根据法律、行政法规、地方性法规制定的普遍适用于本地区的规范性文件。

（6）司法解释。司法解释是最高人民法院在总结审判经验的基础上发布的指导性文件和法律解释，这也是经济法的重要渊源之一。如最高人民法院颁发的《关于贯彻〈中华人民共和国企业破产法（试行）〉若干问题的意见》、《关于审理房地产管理法施行前房地产开发经营案件若干问题的解答》等。

（7）自治条例和单行条例。自治条例是民族自治区的人民代表大会根据当地政治、经济、文化的特点制定的综合性法律文件。单行条例是民族自治地区的人民代表大会根据当地的政治、经济、文化特点制定的调整某一方面事项的文件。

（8）国际条约或协定。国际条约或协定是指我国同外国或地区缔结的双边、多边条约和其他具有条约协定性质的文件。国际条约或协定生效后便成为经济法的重要渊源之一。如外国加入世界贸易组织与相关国家签订的协议；我国与有关发达国家签订的双边投资保护协定等。

## 1.2 相关经济法律制度

下面将要介绍的几种法律制度，是经济法吸收民法这一基本法律制度而产生的调整财产关系的几项制度。

### 1.2.1 法人制度

1. 法人的概念

法人是指具有民事权利能力和民事行为能力，依法独立享有民事权利和承担民事义务的组织。

## 案例 1-1

一个新上任的总经理对一个上门讨债的客户说："我是这个企业的法人，我又没有欠你的债，讨债去找老经理去，我们的老法人已经退休了。"

请分析：总经理的一番话是否有道理？

## 案例分析

这位总经理说的话没有道理。这里有两处错，一是这位总经理不是法人，老经理也不是法人，他们均是法定代表人。二是老经理退休了，但原法人所欠债务不能因为人员的变动而变动，其债务还是应该清偿的。

课堂随笔

根据我国的法律规定，法人必须具备以下四个条件。

（1）依法成立。

包括两种合法的成立程序，即登记程序成立和命令程序成立。

（2）有必要的财产或者经费。

法人的财产和经费并不强调归其所有，而是强调能独立支配和利用。同时要求法人组织的财产、共同出资人的其他财产，以及同其组织成员的个人财产在法律上能界定清楚，不能有直接的联系。

（3）有自己的名称、组织机构和场所。

法人必须有符合规范化要求的名称；法人的组织机构一般由法定代表人及其职能机构所组成。法人的场所是法人进行生产经营的基地。

（4）能够独立承担民事责任。

法人对自己的法律行为所产生的法律后果承担全部法律责任。

### 2. 法人的种类

按照《民法通则》规定，法人分为企业法人、机关法人、事业单位法人和社会团体法人（见表 1-1）。

表1-1 法人的种类

| 名称 | 性质与特征 | 包括类型 |
|---|---|---|
| 企业法人 | 具备法人资格，以赢利为目的，从事生产、贸易、劳务等经济活动，依法自主经营、自负盈亏、独立核算的经济组织。企业法人是我国法人中数量最多、分布最广、民事活动最频繁，在经济活动中占主导地位的法人 | 国有企业法人、集体企业法人、私营企业法人、外商投资企业法人、联营企业法人等。对公司形式的企业，主要可分为有限责任公司和股份有限公司 |
| 机关法人 | 获得法人资格的国家机关。国家机关只有在参加民事活动时才被视为法人。如果是在行使国家权力时，就不是法人，而被视为公法主体 | 国家权力机关、行政机关、军事机关、司法机关等 |
| 事业单位法人 | 从事社会各种公益事业，拥有独立的经费和财产的具有法人资格的社会组织 | 各级各类新闻单位、出版单位、广播电视、电影制片单位、科研、教育、医疗单位、艺术团体、体育单位等 |
| 社会团体法人 | 由自然人或法人自愿组成的，拥有独立财产或经费，从事社会公益、文学艺术、学术科研、宗教等活动的具有法人资格的组织 | 各种学会、协会、研究会、基金会、联谊会、促进会、商务等人民群众团体 |

3. 法人的权利能力和行为能力

法人具有民事权利能力和民事行为能力。法人的民事权利能力是指其能以自己的名义独立享受民事权利和承担民事义务的资格。法人的民事权利能力和民事行为能力同时产生、同时终止。

法人民事权利能力的特点：

（1）法人的民事权利能力中，不包括享有某些纯属由公民享有的人身权，如生命健康权、肖像权的资格。

（2）法人之间的民事权利能力，从根本上是平等的，但不同法人的具体民事权利能力则有所不同。如企业法人享有从事营利性活动权利的资格，其他法人却不具有。企业法人之间的民事权利能力也不同。

（3）法人的民事权利能力不受剥夺。

法人民事行为能力的特点：

（1）民事行为能力与民事权利能力相符，故不同法人之间的民事行为能力彼此有别。

（2）国家依法可对法人的民事行为能力给予必要的限制，如责令企业法人停业整顿，实际即暂时停止了企业法人的民事行为能力，但这并不禁止其从事必要的经济活动。除非法人资格消灭，其民事行为能力也不能剥夺。

4. 法人的成立、变更和终止

（1）法人的成立。法人的成立是指社会组织依法取得法人资格。我国法人的成立有两种方式：由国家主管机关命令成立。如国家机关及事业单位法人资格的成立；经国家主管机关批准登记成立。如企业法人的成立，企业自领取营业执照之日起取得法人资格。

（2）法人的变更。法人的变更是指法人的组织结构、性质、业务范围、名称、住所、隶属关系等方面的重大改变或变动。如法人的分立或合并变更，应当向登记机关办理登记并公告。

（3）法人的终止。法人的终止是指在法律上终止法人资格。企业法人一般由于下列原因之一而终止：歇业；被撤销；宣告破产；其他原因。企业法人终止，应当成立清算组织进行清算。企业法人被撤销、被宣告破产的，应由主管机关或人民法院组织有关机关和有关人员成立清算组织进行清算。企业法人终止，应当向登记机关办理注销登记并公告。

## 1.2.2 财产所有权制度

1. 所有权的概念和内容

所有权是指财产所有人依法对自己的财产享有占有、使用、收益和处分的权利。所有权是生产资料在法律上的反映。所有权本身并不能给权利人带来经济收益，财产必须投入运转（营），才能保值增值，才能增加所有权人的利益。实现财产增值的通常办法是所有权人将所有权权能中的部分权利，有偿地暂时让渡给他人，以得到利益回报。现代主要的让渡方式是租赁、承包，以及向股份制企业投资等。

2. 所有权的特征

所有权具有垄断性、排他性的特征。即权利人不同其他任何人分享所有权。

3. 所有权的种类

主要分民事主体的所有权和国家所有权。民事主体所有权包括劳动群众集体组织所有权、公民个人所有权。各种所有权均受法律保护。

4. 所有权的取得和消灭

所有权应依法取得。合法取得有两种方式：即合同取得和继承取得。合同取得是指通过买卖合同取得所有权。继承取得是指财产所有人依据国家继承法，按照本人意愿通过预立遗嘱的方式处分其所有的财产，也可通过接受他人赠与的方式，合法取得所有权。

所有权的消灭有以下方式：① 权利人将所有权转让给他人；② 权利人放弃所有权；③ 所有权主体消灭，包括自然人的死亡和社会组织的终止；④ 所有权客体灭失；⑤ 被国家依法收缴。

### 1.2.3 代理制度

1. 代理的概念和特征

代理就是代理人在代理权限内，以被代理人的名义进行经济活动，法律后果归属于被代理人的一种法律行为。

**案例 1-2**

王玲的父母死亡后，在农村老家留下三间房子由王玲继承。王玲在城里工作，不在老家住，老家的房子对她没有用处，她决定把这三间房子卖掉。但她不了解当地的房价，一时也找不到合适的买主，就委托在当地的一个亲戚徐永明替自己卖房。半年后，徐永明以每间房子1000元的价格将房子卖给了同村的李某，然后将房款3000元寄给了王玲。王玲接到钱款后，傻了，怎么就这么点钱呢。但她没有办法，只能自认倒霉了。

请分析：徐永明的代理行为是否合法？是否具备代理的特征？

**案例分析**

答案请参考“代理的特征”。

课堂随笔

（1）代理行为具有法律意义。代理进行的活动本身必须是法律行为，如代订合同、代理诉讼等，凡不产生法律后果、只是受人委托而进行的某种具体事务方面的工作，不属于法律上的代理，如整理资料、代请假等。

（2）以被代理人的名义进行活动。代理人必须以被代理人的名义进行法律行为。如果以自己的名义进行，就不是代理，如信托公司、寄售商店，虽然接受别人委托销售货物，但不是以委托人的名义，而是以自己名义进行的。

（3）代理人在授权范围内独立进行意思表示，代理人在被代理人授权范围内，以自己的意志积极地为被代理人的利益进行各项活动。

（4）代理活动的法律后果由被代理人承受。

2. 代理的种类

（1）委托代理。委托代理是指依照被代理人的授权委托而产生的代理。这是最常见、应用最广泛的一种代理形式。委托代理可以用书面形式，也可以用口头形式。法律规定必须用书面形式的，应当采用书面形式。书面形式的授权委托书应当载明代理人的姓名、代理事项、权限和时间，并由委托人签名或者盖章。

（2）法定委托。法定委托是指依照法律的规定而直接产生的代理。不需要被委托人委托，而直接由法律根据一定社会关系的存在而加以确定。如法律规定无行为能力和限制行为能力的人，由他们的监护人做法定代理人，夫妻一方失去行为能力，另一方即为他方的法定代理人。

（3）指定代理。指定代理是指因人民法院或者其他部门的指定而产生的代理。如人民法院为无行为能力又无法定代理人的诉讼当事人指定其代理人。被指定的人，无正当理由，一般不得拒绝担任代理人。

3. 委托代理的终止

（1）代理期间届满或者代理事务完成。

（2）被代理人取消委托或者代理人辞去委托。

（3）代理人死亡。

（4）代理人丧失行为能力。

（5）作为被代理人或者代理人的法人终止。

4. 无权代理

无权代理是指没有代理权或超越代理权限而进行的代理活动。无权代理有三种情况：

（1）没有合法的授权行为。

（2）代理行为超越了授权范围。

（3）代理权已经终止后的行为。

5. 代理权的滥用

代理权的滥用是指代理人利用享有代理权的便利条件，进行损害被代理人利益的行为。滥用代理权主要有三种情况：

（1）代理人以被代理人的名义与自己进行法律行为。

（2）代理人同时代理双方当事人进行同一项法律行为。

（3）代理人与第三人恶意串通，进行损害被代理人的法律行为。

### 1.2.4 债权制度

1. 债的概念

债是特定的当事人之间的民事关系，当事人一方有请求他方为一定行为或者不为一定行为的权利，他方有为一定行为或者不为一定行为的义务。

请求为一定行为或者不为一定行为的人为债权人，必须为一定行为或者不为一定行为的人为债务人。债权和所有权有密切的关系，都属于财产权。所有权是取得债权的基础和前提，债权导致所有权的转移和取得。

2. 债的分类

债按标的物划分，分为特定物之债和种类物之债。

按主体人数划分，分为单一之债和多人之债。

按内容可否由当事人选择划分有简单之债和选择之债。

3. 债的发生、变更和消灭

（1）债的发生。债的发生必须借助于一定的法律事实，主要有因合同所生之债、因侵权行为所生之债、因不当得利所生之债等。合同之债是债的最典型的形式。

（2）债的变更。债的变更是指债基于一定的法律事实，改变主体、内容或者客体。债的变更原因主要有以下三种：因法律规定或者国家计划的变更；因双方当事人协议；因发生不可抗力等原因。

（3）债的消灭。债的消灭是基于一定的法律事实而终止。债因履行、抵消、提存、混同及法律规定或行政命令等法律事实而消灭。



### 1.2.5 担保制度

担保是旨在促进资金融通和商品流通，保障债权的实现，以发展社会主义市场经济为目的的保证行为。在信贷、买卖、货物运输、承揽等经济活动中，债权人需要以担保方式保障其债权实现的，一定遵循平等、自愿、公平、诚实信用的原则，提供保证、抵押、质押、留置和定金等方式做担保或反担保。

担保制度见4.4.3合同担保。

# 1.3 经济法律关系

## 1.3.1 经济法律关系的概念

经济法律关系是指由经济法律规范规定和调整而形成的权利义务关系。经济法律关系概念的基本含义包括：

（1）经济法律关系是在经济领域中发生的意志关系。

（2）经济法律关系是经济法规定和调整的法律关系。

（3）经济法律关系是一种具有经济内容的权利义务关系。

（4）经济法律关系是具有强制性的权利义务关系。

## 1.3.2 经济法律关系的构成要素

经济法律关系的构成要素是指构成经济法律关系中当事人之间的权利和义务关系的必备条件。任何经济法律关系都具有三个基本构成要素，即主体、内容和客体。三个要素缺一不可，任何一个因素发生变更，都可能会引起经济法律关系的变更。

### 1. 经济法律关系的主体

（1）经济法律关系主体的概念。

经济法律关系的主体（又称经济法主体）是指参与经济法律关系，享有经济权利和承担经济义务的当事人。经济法主体是最基本的要素，也是最积极最活跃的要素。

（2）经济法律关系的主体资格。

**小贴士**

你知道什么是经济法律关系主体资格吗？

经济法律关系主体资格是指当事人参加经济法律关系，享受经济权利和承担经济义务的资格和能力。

① 权利能力及其取得方式。

权利能力是指主体依法享受权利和承担义务的资格。权利能力可以有两种方式取得：一是法定取得。即依照法律规定一定条件取得或规定一定程序成立的方式取得，具体包括：依照宪法和法律由国家各级权力机关批准成立；依照法律和法规由国家各级行政机关批准成立；依照法律、法规或章程由经济组织自身批准成立；依照法律、法规由主体自己向国家有关机关申请并经核准登记而成立；由法律、法规直接赋予一定身份而成立等情形。二是授权取得。即依据法定授权而取得对社会生活实施某种干预的资格，如政府可以依照有关法律的规定指定有关部门代表国家作为国有资产承包关系中的发包方。

② 行为能力。

行为能力是指主体能够以自己行为行使权利和承担义务的能力。经济法律关系主体只有具有行为能力，才能按照自己的意志以自己独立的行为去享有经济权利和承担经济义务。不管什么组织和个人，都必须具有相应的权利能力和行为能力，才能取得经济法律关系的主体资格。

（3）经济法律关系主体的范围。

根据经济法律关系主体的地位和职能来分，可以将经济法律关系主体范围分为经济管理主体和经济活动主体。

经济管理主体。经济管理主体是指依据宪法和有关法律、法规规定，在经济法律关系中，承担组织、管理和协调经济职能的组织或者机构。包括：① 国家行政机关。② 国家权力机关。③ 由国家法律授权而承担某种经济管理职能的其他组织等。

经济活动主体。经济活动主体是指依法设立，从事经济活动的组织和个人。包括：① 社会组织。指各类企业、事业单位、社会团体。企业是指拥有独立资产，以盈利为目的，具备相当组织机构，从事生产、流通和服务性活动的经济实体。还包括各类法人企业及其他非法人企业。事业单位是指由国家财政拨款，不以盈利为目的的文化、教育、卫生等组织。它们往往以法人资格参与经济法律关系。社会团体是指由人民群众或组织依据自愿的原则组织进行社会活动的社会组织，包括群众团体、公益组织、文化团体、学术研究团体、协会等。它们以法人的资格参与经济法律关系。② 内部组织。内部组织是指企业法人的分支机构、内部职能机构等相对独立的单位。企业内部组织虽无独立法人地位，但其有关人员根据经济法律规定参与企业内部的生产经营管理活动时，如实行内部承包经营责任制，实行内部独立经济核算等情况下，会形成相应的经济法律关系，而具有经济法主体的地位。③ 自然人。自然人包括农村承包经营户、个体工商户和公民。④ 国家。国家在一定条件下也是经济法律关系的主体。如为筹集财政资金而发行国库券、国债时，国家成了国库券、国债法律关系的主体，又如，国家参与国际经济活动时，国家也是经济法律关系的主体。



2. 经济法律关系的内容

（1）经济法律关系内容的概念。经济法律关系的内容是指经济法主体依法享有的经济权利和承担的经济义务。没有经济权利和义务的经济法律关系是不存在的。

（2）经济权利。经济权利是指经济法主体在经济管理和经济协调关系中依法具有的自己为一定行为或不为一定行为和要求他人为一定行为或不为一定行为的资格。理解这一概念把握：① 经济法主体在法定范围内有权依照自己的利益需要和自己的意志进行一定的经济行为或不进行一定行为。如国有企业有权制定企业的生产经营计划、有权拒绝摊派等。

② 经济法主体有权依法要求负有义务的人做出或不做出一定的行为，以实现自己的利益。如税务机关要求纳税人依法纳税；消费者有权要求经营者提供符合产品质量要求的产品等。③ 经济法主体在其合法权利受到侵害或不能实现时，有权依法请求国家有关机关给予强制保护。如权利人的所有物被他人非法侵占时，所有权人有权请求法院责令其返还侵占物。

（3）经济权利的具体内容。

① 所有权。

所有权是指所有人依法对自己的财产享有占有、使用、收益和处分的权利。

② 经营权。

经营权是从财产所有权中派生出来的一种他物权。是指企业对所有人授予其经济管理的财产享有的占有、使用和依法处分的权利。经营权与所有权相对应，有什么内容的所有权，就有什么性质的经营权。

③ 经济职权。

经济职权是指国家机关行使经济管理职能时依法享有的权利。经济职权主要包括：决策权、执行权、监督权、处罚权。

④ 请求权。

请求权是指经济法主体的合法权益受到侵犯时，依法享有要求权侵权人停止侵权行为和要求有关国家机关保护其合法权益的权利。请求权的内容包括：赔偿权、请求调解权、请求调解权、申请仲裁权、经济诉讼权等。

（4）经济义务。

**知识链接**

经济义务是指经济法律关系主体为了满足特定的权利主体的要求，在法律规定的范围内必须作为或不作为的责任。

经济义务包括以下的含义：义务主体必须作出或者不作出一定行为，以满足权利主体的要求；义务主体的义务必须在法定的范围内进行；义务主体须自觉履行义务，否则应承担相应的法律责任。

经济义务的种类包括：贯彻执行国家的方针、政策，遵守国家法律和法规的义务；履行经济管理职责的义务；履行合同的义务；依法纳税的义务；不侵犯其他主体合法权益的义务。正确行使权利的义务。承担经济法律责任的义务。

（5）经济权利和经济义务的关系。经济权利与经济义务相互依存，没有经济权利就不会有经济义务。经济主体不能只享有经济权利而不承担经济义务，也不能只承担经济义务而不享有经济权利。

3. 经济法律关系的客体

（1）经济法律关系客体的概念。

经济法律关系客体是指经济法律关系主体享有经济权利和承担经济义务所共同指向的对象。

（2）经济法律关系客体的种类。

① 物。物是指可以为主体控制和支配，有一定经济价值并以物质形态表现出来的物体。物是经济法律关系中存在最广泛的客体。

② 行为。行为是指经济法律关系主体为了达到一定经济目的所进行的经济活动。行为可分为：经济管理主体的行为，即经济法律关系的主体行使经济管理权利所指向的行为，如经济决策行为、经济命令行为、审查批准行为以及经济监督行为等；经济活动主体的行为，包括缴付一定的财物、完成一定的工作、提供一定劳务等行为。

③ 智力成果。智力成果是指人们创造的能够带来经济价值的创造性脑力劳动成果。如科学发明、发现、技术成果、艺术创作成果、学术论著等。智力成果作为经济法律关系的客体，其法律表现形式主要为：专利权、商标权、商业秘密权、专有技术、著作权等。

**本章实训**

## 一、实训目标

学习经济法基础知识，正确认识经济法是独立而重要的法律部门，掌握法人制度的法律规定、代理、所有权、债权、担保制度的法律规定，经济法律关系构成的要素进行实际问题的应用，学会运用法律知识分析案例，提高分析、解决问题的能力。

## 二、实训步骤

（1）针对基础理论学习内容，由教师提出问题：

① 什么是经济法？经济法有哪些特征？

② 本章学习了哪些相关的法律制度？

③ 经济法律关系由哪些要素构成？

（2）根据市场实际收集案例、实例。

（3）学生分组对收集的案例、实例进行分析讨论。

（4）案例分析题（通过案例分析提高学生分析问题、解决问题的应用能力，学会运用法律知识解决工作、生活、社会中的实际问题）。

甲公司授权其职员张某到外地购买 150 台电视，并开具授权委托书和盖有合同专用章的空白合同书。张某以甲公司名义与乙公司签订 150 台电视买卖合同后，乙又向张某推销音响。张某觉得该音响质量、样式均不错，且价格合适，在当地也很畅销，便未请示公司，利用甲公司交给他的盖有甲公司合同专用章的空白合同书，以甲公司的名义与乙公司又签了一份 100 台音响的买卖合同。请分析：张某的代理行为是否有效？

（5）根据经济法基础知识学习应该掌握的知识内容，出现的问题，谈谈你对经济法的重要性的认识和学习应用中的困难。

（6）教师进行课堂总结。

## 三、实训注意事项

（1）教师要引导学生积极进行基础理论知识的学习，案例、实例的收集和讨论。

（2）引用典型案例，培养和提高学生的学习兴趣和实际应用能力。

（3）学生组长要切实负责，使讨论形成气氛，取得效果。

## 思考与练习

## 一、填空题

1. 经济法的调整对象不是一切经济关系，是一定范围的特定经济关系，具体包括________、________、________。

2. 法人是具有________和________，依法独立享有________和承担________的组织。

3. 经济法的调整对象具有________，经济法的内容具有________，经济法的调整方法具有________，经济法的发展变化具有________。

4. 所有权是指财产所有人依法对自己的财产享有________、________、________和________的权利。

5. 经济法律关系是指由经济法律规范规定和调整而形成的权利义务关系。

6. 任何经济法律关系都具有三个基本构成要素，即主体、内容和客体。

7. 智力成果是指人们创造的能够带来经济价值的________。

8. 行为是指经济法律关系主体为了达到________所进行的经济活动。行为可分为：①________；②________。

## 二、单项选择题

1. 我国自（　　）年以来，广泛使用“经济法”一词。

A. 1775　　B. 1865　　C. 1949　　D. 1979

2. 经济法律关系的主体是指在经济法律关系中享有权利和承担义务的（　　）。

A. 实施对象　　B. 执行内容　　C. 当事人　　D. 指导者

3. 经济法律关系的主体依法对财产享有占有、使用、收益和处分的权利是（　　）。

A. 经济职权　　B. 财产所有权　　C. 经营权　　D. 承包经营权

4. 经济法律关系的构成要素包括（　　）。

A. 主体合格、意思表示真实　　B. 物、行为和智力成果

C. 经济权益　　D. 主体、内容和客体

5. 经济权利是指经济法主体依法具有自己为或不为一定行为和要求他人为或不为一定行为的（　　）。

A. 责任　　B. 资格　　C. 义务　　D. 权利

6. 代理的种类有（　　）。

A. 委托代理、他人代理和法定代理　　B. 委托代理、法定代理和指定代理

C. 授权代理、委托代理和法定代理　　D. 法定代理、指定代理和专人代理

7. 在经济法律关系中，最广泛、最普遍的主体是（　　）。

A. 国家经济管理机关　　B. 法人

C. 自然人　　D. 国家

8. 经济权利通过（　　）来实现。

A. 经济权利主体为一定的行为

B. 经济权利主体不为一定的行为

C. 要求他人为一定的行为

D. 经济权利主体为或不为一定的行为和要求他人为或不为一定的行为

9. 作为经济法主体的国家机关，主要是（　　）。

A. 国家权力机关　　B. 财政机关

C. 国家经济管理机关　　D. 国家审判机关

10. 经济法律关系客体的主要种类有（　　）。

A. 经济行为、有形物和无形物　　B. 经济行为、有形财富和无形财富

C. 经济行为和智力成果　　D. 经济行为和知识财富



## 三、判断题

1. 部门规章是指国务院的组成部门及其直属机构在其职权范围内制定的规范性文件。（　　）

2. 经济法律关系的主体要有行为能力才能进行经济活动。（　　）

3. 土地所有权只能作为经济法律关系的内容，不能作为经济法律关系的客体。（　　）

4. 经济法并非调整全部的经济关系，只是调整经济关系中的一部分，即调整特定领

域的经济关系。（ ）

5．经济法的概念最早是由法国的空想共产主义者德萨米提出的。（ ）

6．农村承包经营户、个体工商户和自然人不是经济法主体。（ ）

7．所有权指所有人依法对自己所有的财产享有的使用、收益和处分的权利。（ ）

8．代理人以自己的意志，自主决定如何与第三人谈判和决定是否发生法律关系。（ ）

## 四、名词解释

1．经济法 2．经济法律关系 3．法人 4．经济法主体

## 五、简答题

1．经济法的调整对象是什么？

2．简述我国经济法存在和表现的主要形式。

3．法人必须具备哪些条件？

4．简述代理的特征和种类。

## 六、案例分析题

1．吴某是个体工商户，经营南北干货。一日，吴某听说马某回宁夏探亲，恳请马某在宁夏代购枸杞若干，其规格、价格及运输吴某都作了一一交代，马某起程不到一周吴某突然患脑血栓不治而亡。马某不知情，依约买好枸杞若干，电告马某收货，并告知尚有部分尾款未付清，待其回来再结。吴某家人因忙于吴某的丧事，未及时收货，致使枸杞滞留仓库受损。马某探亲归来，方知吴某去世。遂要求吴某家人结清尾款。吴某家人以吴某死亡，委托终止为由，不但不结清尾款，还要求马某返还吴某生前给付的货款，马某遂起诉至法院要求人民法院依法判决。

请分析：

（1）马某的代理权是否因吴某死亡而终止？

（2）马某能否请求吴某家人结清所欠尾款？

（3）枸杞因滞留仓库所造成的损失应由谁来承担？

2．甲企业以其厂房作抵押，向乙银行贷款。甲企业由于经营不善，未能按期还款。请分析：乙银行是否有权以作抵押的厂房折价或拍卖、变卖厂房的价款受偿？

3．某市在招商引资中，由市政府出面，甲公司与某境外企业达成一笔10亿美元的合同，在该境外企业的要求下，该市政府为合同作了保证。请分析：该市政府为该合同所作的保证行为是否有效？

# 第2章

# 企业法

## 学习目标

（1）了解个人独资企业、合伙企业、全民所有制工业企业法的概念、特征、设立、变更和终止、组织机构和经营管理等内容。

（2）了解中外合资经营企业、中外合作经营企业和外资企业的设立、组织机构、经营管理、期限、解散和清算等内容。

（3）学会处理个人独资企业、合伙企业、全民所有制工业企业经营过程中涉及的法律问题。

## 任务描述

学习个人独资企业法、合伙企业法、全民所有制工业企业法、中外合资经营企业法、中外合作经营企业法、外资企业法，初步学会运用相关法律分析处理企业运作中出现的法律事务。

导入案例

林某大学毕业后，一时找不到合适的工作，生计困难。林某的姑姑在出版社工作，鼓励他自主创业，并建议他在某大学附近开一家书店，代销其出版社的书籍，出版社负责供书，待书售出后再付书款。但林某担心自己缺乏注册资金，无法通过工商部门的登记。后林某到工商局打听得知，个人独资企业不同于公司，没有最低注册资本的要求。

案例思考

林某开书店需要哪些条件？

# 2.1 个人独资企业法

## 2.1.1 个人独资企业法概述

1. 个人独资企业的概念和法律特征

（1）个人独资企业的概念。

个人独资企业也称单一业主制企业，是指依法在中国境内设立，由一个自然人投资，财产为投资人所有，投资人以其个人财产对企业债务承担无限责任的经营实体。

（2）个人独资企业的法律特征：① 个人独资企业是由一个自然人投资的企业。② 个人独资企业的财产为投资人个人所有。③ 个人独资企业的投资人以其个人财产对企业债务承担无限责任。④ 个人独资企业是非法人企业。

2. 个人独资企业法的概念和基本原则

（1）个人独资企业法的概念。广义的个人独资企业法是指国家关于个人独资企业的各种法律规范的总称。狭义的个人独资企业法是指 1999 年 8 月 30 日第九届全国人民代表大会常务委员会第十一次会议通过的《中华人民共和国个人独资企业法》，简称《个人独资企业法》。

（2）个人独资企业法的基本原则：

① 守法原则。② 依法纳税原则。③ 企业的合法权益受国家保护原则。

④ 职工的合法权益受法律保护原则。

## 2.1.2 个人独资企业的设立

**案例 2-1**

吴某在工商行政管理局工作 30 年退休了，2009 年 3 月的某天，他突然萌发做生意的念头，便到工商局领表准备注册一个“祥和公司”，可是他提拔的一位科长说什么也不给他注册登记。吴某对这位科长大发雷霆，要求其撤销其行为，为他注册“祥和公司”。

请分析：这位科长为什么不给老领导的“祥和公司”注册？

**案例分析**

老领导吴某作为完全行为能力人，办理注册独资企业是可以的，但因独资企业不具有法人资格，因此不能注册所谓的“公司”企业。

**课堂随笔**

1. 个人独资企业的设立条件

（1）投资人为一个自然人。

（2）有合法的企业名称。

（3）有投资人申报的出资。

（4）有固定的生产经营场所和必要的生产经营条件。

（5）有必要的从业人员。

2. 个人独资企业的设立程序

（1）申请。

投资人申请设立个人独资企业，应当由投资人或者其委托的代理人向个人独资企业所在地的登记机关提出设立申请，申请时应当向登记机关提交下列文件：投资人签署的个人独资企业申请书；投资人身份证明；企业住所证明和生产经营场所使用证明；委托代理人申请登记的，应当提交投资人的委托书和代理人的身份证明或者资格证明；工商行政管理局规定提交的其他文件。

**知识链接**

**个人独资企业设立登记申请表**

<table>
<tr><td>企业名称</td><td colspan="4"></td></tr>
<tr><td rowspan="2">企业住所</td><td rowspan="2" colspan="2"></td><td>邮政编码</td><td></td></tr>
<tr><td>联系电话</td><td></td></tr>
<tr><td>经营范围及方式</td><td colspan="4"></td></tr>
<tr><td>出资额</td><td>1. 以个人财产出资</td><td colspan="3">2. 以家庭共有财产作为个人出资<br>家庭成员签名：</td></tr>
<tr><td>出资方式</td><td colspan="4"></td></tr>
<tr><td>从业人数</td><td colspan="4"></td></tr>
<tr><td>有关部门意见</td><td colspan="4"></td></tr>
<tr><td colspan="5">谨此确认，本申请表所填内容真实无误。<br>投资人签名： 年 月 日</td></tr>
<tr><td colspan="5"></td></tr>
</table>

（2）登记。

登记机关应当在收到全部文件之日起 15 日内，对符合法律规定条件的，予以登记，发给营业执照；对不符合法律规定的，不予登记，并当面给予书面答复，说明理由。个人独资企业的营业执照的签发日期，为个人独资企业成立日期。在领取个人独资企业营业执照前，投资人不得以个人独资企业名义从事经营活动。

（3）分支机构的登记。

## 2.1.3 个人独资企业的投资人及事务管理

1. 个人独资企业的投资人

（1）个人独资企业投资人的条件。

（2）个人独资企业投资人的权利和责任。

2. 个人独资企业的事务管理

（1）个人独资企业事务管理的方式：

①自行管理，即个人独资企业投资人可以自己管理企业事务。

②委托管理，即个人独资企业的投资人可以委托或聘用其他具有民事行为能力的人负责企业的事务管理。投资人委托或聘用他人管理个人独资企业事务，应当与受委托人或被聘用的人签订书面合同，明确委托的具体内容和授予的权利范围。

投资人委托或聘用的管理个人独资企业事务的人员不得有下列行为：利用职务上的便利，索取或收受贿赂；利用职务或工作上的便利侵占企业财产；挪用企业的资金归个人使用或借贷给他人；擅自将企业资金以个人名义或以他人名义开立账户储存；擅自以企业财产提供担保；未经投资人同意，从事与本企业相竞争的业务；未经投资人同意，和本企业订立合同或进行交易；未经投资人同意，擅自将企业商标或其他知识产权转让给他人使用；泄露本企业的商业秘密；法律、行政法规禁止的其他行为。

（2）个人独资企业事务管理的内容：

① 会计事务管理。个人独资企业应当按照国家统一会计制度的规定设置会计账簿，并根据企业实际发生的经济业务进行会计核算。

② 用工管理事务。个人独资企业招用职工的，应当依法与职工签订劳动合同，保障职工的劳动安全，按时、足额发放职工工资。

③ 社会保险事务。个人独资企业应当按照国家规定参加社会保险，为职工缴纳社会保险费，根据我国的法律、法规规定，我国目前设有五种强制性的社会保险，即养老保险、工伤保险、医疗保险、失业保险和企业职工生育保险。

## 2.1.4 个人独资企业的解散和清算

1. 个人独资企业的解散

个人独资企业的解散是指已成立的个人独资企业基于法定事由而使其民事主体资格消灭的行为。根据《个人独资企业法》，有以下情形之一时，应当解散：① 投资人决定解散；

② 投资人死亡或被宣告死亡，无继承人或继承人决定放弃继承；③ 被依法吊销营业执照；④ 法律、行政法规规定的其他情形。

2. 个人独资企业的清算

个人独资企业的清算是指解散后的个人独资企业清理债权债务，分配剩余财产，终止个人独资企业的活动。

个人独资企业清算的程序：（1）通知债权人。个人独资企业解散，由投资人自行清算或由债权人申请人民法院指定清算人进行清算。投资人自行清算的，应当在清算前15日内书面通知债权人，无法通知的应当予以公告。债权人应当在接到通知之日起30日内，未接到通知的应当在公告之日起60日内，向投资人申报其债权。

（2）清理企业财产。

（3）清偿。个人独资企业解散的，财产应当按照下列顺序清偿：所欠职工工资和社会保险费；所欠税务；其他债务。

（4）办理注销登记。个人独资企业清算结束后，投资人或人民法院指定的清算人应当编制清算报告，并于15日内到登记机关办理注销登记。

（5）投资人的持续偿债责任。个人独资企业解散后，原投资人对个人独资企业存续期间的债务应当承担继续偿还责任，但债权人在5年内未向债务人提出偿还请求的，该责任消灭。

# 2.2 合伙企业法

## 2.2.1 合伙企业法概述

**知识链接**

合伙企业是指依法在中国境内设立的，由各合伙人订立合伙协议，共同出资，合伙经营，共享收益，共担风险，并对合伙企业的债务承担无限连带责任的营利性组织。

我国的《合伙企业法》确定了两种合伙企业类型，即普通合伙和有限合伙。

广义合伙企业法是指调整合伙企业在设立、经营、变更、终止过程中形成的各种社会关系的法律规范的总称。狭义合伙企业法是指由国家最高立法机关依法规定、规范合伙企业合作关系的专门法律，即《中华人民共和国合伙企业法》（以下简称《合伙企业法》）。该法于1997年2月23日第八届全国人民代表大会常务委员会第二十四次会议通过，2006年8月27日第十届全国人民代表大会常务委员会第二十三次会议修订，修订后的《合伙企业法》自2007年6月1日起施行。



## 2.2.2 普通合伙企业

1. 合伙企业的设立

**知识链接**

合伙企业的设立是指投资人依照法律规定，投资建立合伙企业的行为。

（1）合伙企业设立的条件。

根据《合伙企业法》的规定，设立合伙企业应具备下列条件：

① 有两个以上合伙人，合伙人为自然人。但国有独资公司、国有企业、上市公司以及公益型的事业单位、社会团体不得成为普通合伙人。

**案例 2-2**

吴某为某派出所的民警，他的几个好朋友拟合伙开办一个水产养殖企业，准备邀请吴某作为合伙人。

请分析：吴某的合伙人资格是否合法？

**案例分析**

《合伙企业法》规定，法律、行政法规禁止从事营利性活动的人，不得成为合伙企业的合伙人，如国家公务员、人民警察、法官、检察官等。因此，吴某不能成为合伙企业的合伙人。

**课堂随笔**



② 有书面合伙协议。

知识链接

**合伙协议与载明事项**

合伙协议是由各合伙人通过协商，共同决定相互之间的权利义务，达成的具有法律约束力的协议。应当依法由全体合伙人协商一致，以书面形式订立。合伙协议应载明下列事项：① 合伙企业的名称和主要经营场所的地点；② 合伙的目的和合伙经营范围；③ 合伙人的姓名或者名称、住所；④ 合伙人的出资方式、数额和缴付期限；⑤ 利润分配、亏损分担方式；⑥ 合伙事务的执行；⑦ 入伙与退伙；⑧ 争议解决办法；⑨ 合伙企业的解散与清算；⑩ 违约责任。

③ 有合伙人认缴或者实际支付的出资。

④ 有合伙企业的名称和生产经营场所。

⑤ 法律、行政法规规定的其他条件。

（2）设立登记。

设立登记是指企业筹备机构向登记机关提出企业设立申请，登记机关依照程序对企业设立的有关条件进行必要的审查后，对于符合法定条件的予以注册登记，并发给营业执照的行为。登记程序如下：① 申请。申请设立合伙企业应当向企业登记机关提交：登记申请书；合伙协议书；全体合伙人的身份证明。② 登记。申请人提交的登记材料齐全，符合法定形式，企业登记机关能够当场登记的，应予当场登记，发给营业执照。否则企业登记机关应当自受理申请之日起 20 日内，作出是否登记的决定。予以登记的，发给营业执照；不予登记的，应当给予书面答复，并说明理由。合伙企业的营业执照签发日期即为合伙企业的成立日期。

2. 合伙企业的财产

（1）合伙企业的财产构成。合伙企业的财产包括三部分：全体合伙人的出资；合伙企业存续期间所有以合伙企业名义取得的收益；合伙企业存续期间合伙企业通过合法途径取得的其他财产。

小贴士

合伙人可以用货币、实物、知识产权、土地使用权或者其他财产权利出资，也可以用劳务出资。

（2）合伙企业的财产管理和使用。合伙企业的财产由全体合伙人共同管理和使用，在合伙企业存续期间，除非有合伙人退伙等法定事由，合伙人不得请求分割企业的财产。合伙企业的合伙财产具有共有财产的性质，即由全体合伙人共有。对合伙财产的占有、使用、收益和处分，均应当依据全体合伙人的共同意志进行。

除合伙协议另有约定外，合伙人向合伙人以外的人转让其在合伙企业中的全部或者部分财产份额时，须经其他合伙人一致同意。合伙人之间转让合伙企业中的全部或者部分财产份额时，应当通知其他合伙人。合伙人向合伙人以外的人转让其在合伙企业中的财产份额的，在同等条件下，其他合伙人有优先购买权；合伙协议另有约定的除外。合伙人以外的人依法受让合伙人在合伙企业中的财产份额的，经修改合伙协议即成为合伙企业的合伙人，依照《合伙企业法》和修改后的合伙协议享有权利，履行义务。

合伙人以其在合伙企业中的财产份额出资的，须经其他合伙人一致同意；未经其他合伙人一致同意，其行为无效，由此给第三者造成损失的，由行为人依法承担赔偿责任。

3. 合伙企业事务执行

（1）合伙企业事务执行的形式。合伙企业事务执行的形式有共同执行和委托执行。

共同执行是指由全体合伙人共同执行合伙企业事务，各个合伙人都直接参与企业的经营和管理，处理企业的事务，对外代表企业的一种执行形式。一般小规模的合伙企业采用这种执行形式。合伙人对合伙企业有关事项作出决议，按照合伙协议的表决办法办理。合伙协议未约定或者约定不明确的，实行合伙人一人一票并经全体合伙人过半数通过的表决办法。合伙人对合伙企业法规定或者合伙协议约定必须经全体合伙人同意始得执行的事务，擅自处理给合伙企业或者其他合伙人造成损失的，依法承担赔偿责任。

委托执行是指由合伙协议约定或者全体合伙人决定，委托一名或者数名合伙人执行合伙企业事务，其他合伙人不再执行合伙企业事务的一种执行形式。受委托执行合伙企业事务的合伙人便被称为执行合伙人，对外代表合伙企业。一般规模较大的合伙企业采用这种执行形式。但采用这种形式的，并非所有的合伙事务都可以由执行合伙人决定，《合伙企业法》规定，合伙企业下列事务必须采用共同执行方式：①改变合伙企业的名称；② 改变合伙企业的经营范围、主要经营场地；③ 处分合伙企业的不动产；④ 转让或者处分合伙企业的知识产权和其他财产权利；⑤ 以合伙企业名义为他人提供担保；⑥聘任合伙人以外的人担任合伙企业的经营管理人员。执行事务合伙人应当定期向其他合伙人报告事务执行情况以及合伙企业的经营和财务状况，其执行合伙事务所产生的收益归合伙企业，所产生的费用和亏损由合伙企业承担。受委托执行合伙事务的合伙人不按照合伙协议或全体合伙人的决定执行事务的，其他合伙人可以决定撤销该委托。合伙企业对合伙人执行合伙事务以及对外代表合伙企业权利的限制，不得对抗善意第三人。

经全体合伙人一致同意，也可以聘任合伙人以外的人担任合伙企业的经营管理人员。被聘任的合伙企业的经营管理人员应当在合伙企业授权范围内履行职务。被聘任的合伙企业的经营管理人员超越合伙企业授权范围履行职务或者在履行职务过程中因故意或者重大过失给合伙企业造成损失的，依法承担赔偿责任。

（2）合伙企业的利润分配与亏损分担。

合伙企业的利润分配、亏损分担按照合伙协议的约定办理；合伙协议未约定或者约定不明确的，由合伙人协商决定；协商不成的，由合伙人按照实际出资比例分配、分担；或者由合伙人依照合伙协议约定的比例分配和分担;无法确定出资比例的,由合伙人平均分配、分担。

（3）合伙人对合伙企业的义务。

合伙人不得自营或者同其他人合作经营与本合伙企业相竞争的业务。除合伙协议另有约定或者经全体合伙人一致同意外，合伙人不得同本合伙企业进行交易。合伙人不得从事损害本合伙企业利益的活动。

4. 合伙企业的债务清偿

（1）合伙企业的债务清偿。

合伙企业的债务，应先以合伙企业的全部财产进行清偿。合伙企业财产不足清偿到期债务的，各合伙人应当承担无限连带责任。以合伙企业财产清偿合伙企业债务时，其不足部分由各合伙人按照合伙协议约定分担亏损的比例，用其在合伙企业出资以外的财产承担清偿责任，如果合伙协议没有约定分担比例，则由各合伙人平均分担。

合伙人之间的分担比例对债权人没有约束力。债权人可根据自己的利益，请求全体合伙人中的一人或数人承担全部清偿责任,也可以按照自己确定的比例向各合伙人分别追索。如果合伙人实际支付的清偿数额超过了其既定比例所应承担的数额，该合伙人有权就该超过部分向其他未支付或者未足额支付应承担数额的合伙人追偿。

（2）合伙人个人债务的清偿。合伙人发生与合伙企业无关的债务，相关债务人不得以其债权抵消其对合伙企业的债务，也不得代为行使合伙人在合伙企业的权利。合伙人个人财产不足以清偿其与合伙企业无关的债务的，该合伙人可以以其从合伙企业中分取的收益用于清偿，债权人也可以请求人民法院强制执行该合伙人在合伙企业中的财产份额用于清偿。

5. 入伙与退伙

（1）入伙。入伙是指在合伙企业存续期间，合伙人以外的第三人加入合伙，从而取得合伙人资格。

订立入伙协议时，原合伙人应当向新合伙人如实告知原合伙企业的经营状况和财务状况。

入伙的新合伙人与原合伙人享有同等权利，承担同等责任，但入伙协议另有约定的，从其约定。新合伙人对入伙企业的债务承担无限连带责任。

**小贴士**

新入伙需要具备两个条件：① 应当经全体合伙人一致同意；② 要依法订立书面入伙协议。

（2）退伙。退伙是指合伙企业存续期间，合伙人退出合伙企业，从而丧失合伙人资格。退伙有自愿退伙和法定退伙。

自愿退伙是指退伙人根据自己的意愿依法退出合伙企业。自愿退伙分为协议退伙和法定退伙两种。

小贴士

协议退伙

合伙协议约定合伙企业经营期限内，有下列情形之一时合伙人可以退伙：

① 合伙协议约定的退伙事由出现；② 经全体合伙人同意退伙；③ 发生合伙人难以继续参加合伙企业的事由；④ 其他合伙人严重违反合伙协议约定的义务。

法定退伙是指合伙人因出现法律规定的事由而退伙。分为当然退伙和除名退伙。

小贴士

当然退伙是指合伙人丧失作为合伙人资格而退伙。合伙人有下列情形之一的应当退伙：

① 作为合伙人的自然人死亡或者被依法宣告死亡；② 个人丧失偿债能力；③ 作为合伙人的法人或者其他组织依法被吊销营业执照、责令关闭、撤销或者宣告破产；④ 法律规定或者合伙协议约定合伙人必须具有相关资格而丧失该资格；⑤ 合伙人在合伙企业中的全部财产份额被人民法院强制执行。

小贴士

合伙人有下列情形之一，经其他合伙人一致同意，可以将其除名：

① 未履行出资义务；② 因故意或者重大过失给合伙企业造成损失；③ 执行合伙事务时有不正当竞争行为；④ 发生合伙协议约定的其他事由。

上述规定的退伙以退伙事由实际发生之日为退伙生效日。

除名是指合伙人损害合伙企业的利益，经其他合伙人一致同意，可以决议将其除名，该合伙人因而必须退伙。



对合伙人的除名决议应当书面通知被除名人。被除名人对除名决议有异议的，可以自接到除名通知之日起30日内向人民法院起诉。

（3）退伙后的财产处理。

合伙人退伙后，其他合伙人应当与该退伙人按照退伙时的合伙企业的财产状况进行结算，退还退伙人的财产份额。退伙人对合伙企业造成的损失负有赔偿责任的，相应扣减其应当赔偿的数额。退伙时有未了结的合伙企业事务的，待该事务了结后进行结算。退伙人在合伙企业中的财产份额的退还办法，由合伙协议约定或者由全体合伙人决定，可退还货币，也可以退还实物。退伙人对基于其退伙前的原因发生的合伙企业债务，承担无限连带责任。合伙人退伙时，合伙企业财产少于合伙企业债务的，退伙人应当依法分担亏损。

（4）合伙人财产份额的继承。

合伙人死亡或者被依法宣布死亡的，对该合伙人在合伙企业中的财产份额享有合法继承权的继承人，依照合伙协议的约定或者经全体合伙人同意，从继承开始之日起，即取得该合伙企业的合伙人资格。合伙人的继承人为无民事行为能力人或者限制民事行为能力人的，经全体合伙人一致同意，可以依法成为有限合伙人，普通合伙企业依法转为有限合伙企业。全体合伙人未能一致同意的，合伙企业应当将被继承合伙人的财产份额退还该继承人。

## 2.2.3 特殊的普通合伙企业

我国《合伙企业法》规定，以专业知识和专门技能为客户提供有偿服务的专业服务机构，可以设立为特殊的普通合伙企业。在这里，专业服务机构是指拥有专业知识和专门技能并以该技能执业的人，比如：律师事务所、会计师事务所、审计师事务所、医生的诊所等，为执业需要而组织的服务性经营实体。为了标明企业性质以区别一般的普通合伙，特殊的普通合伙企业名称中应当注明“特殊普通合伙”字样。

### 1. 合伙债务承担

一个合伙人或者数个合伙人在执业活动中因故意或者重大过失造成合伙企业债务的，应当承担无限责任或者无限连带责任，其他合伙人以其在合伙企业中的财产份额为限承担责任。合伙人在执业活动中非因故意或者重大过失造成的合伙企业债务以及合伙企业的其他债务，由全体合伙人承担无限连带责任。合伙人执业活动中因故意或者重大过失造成的合伙企业债务，以合伙企业财产对外承担责任后，该合伙人应当按照合伙协议的约定对给合伙企业造成的损失承担赔偿责任。

### 2. 执业风险基金

由于特殊的普通合伙企业的执业活动具有一定的风险性，为了保证债权人的利益，《合伙企业法》要求该类合伙企业应当建立执业风险基金、办理职业保险。职业风险基金用于偿付合伙人执业活动造成的债务。执业风险基金应当单独立户管理。具体管理办法由国务院规定。

**案例 2-3**

王某、李某和刘某三人成立了一家合伙制的妇产科诊所。由于王某的重大失误，致使产妇林某的新生儿右臂骨折，其家属要求诊所承担赔偿责任。

请分析：如果诊所不能承担全部赔偿责任，可否要求王某以其个人财产承担无限责任？

**案例分析**

根据《合伙企业法》的规定，可以要求王某个人承担无限责任。

**课堂随笔**

### 2.2.4 有限合伙企业

1. 有限合伙企业的合伙人数和名称

（1）有限合伙企业的合伙人数。有限合伙企业由普通合伙人和有限合伙人组成，普通合伙人对合伙企业承担无限连带责任，有限合伙人以其认缴的出资额为限对合伙企业债务承担责任。《合伙企业法》对有限合伙企业合伙人的数量进行了限制，规定有限合伙企业由两个以上50个以下合伙人设立，且至少应当有一个普通合伙人。但由于不同领域的投资情况可能有所区别，为保证对一些特定领域有限合伙企业的投资需要，该法进一步规定：法律、行政法规对于有限合伙企业的合伙人人数另有规定的，可不受50人的限制。

（2）有限合伙企业的名称。为了与普通合伙企业相区别，又使与合伙企业进行交易的对方当事人能了解企业的性质，以利于监管机构的工作联系，《合伙企业法》规定有限合伙企业名称中应当标明“有限合伙”字样。

2. 合伙协议

有限合伙企业不同于普通合伙企业，由于不同性质合伙人在企业承担责任的方式不同，法律对各类合伙人的责任与权利分别作了规定，为方便合伙协议对不同责任合伙人的权利义务以及企业的事务执行等作出具体的操作性规定。《合伙企业法》规定，有限合伙企业的合伙协议除符合普通合伙企业合伙协议的规定外，还应当载明下列事项：① 普通合伙人和有限合伙人的姓名或者名称、住所；② 执行事务合伙人应具备的条件和选择程序；③ 执行事务合伙人权限与违约处理办法；④ 执行事务合伙人的除名条件和更换程序；⑤ 有限合伙人入伙、退伙的条件、程序以及相关责任；⑥ 有限合伙人和普通合伙人相互转变程序。

3. 有限合伙人的出资

有限合伙人可以用货币、实物、知识产权、土地使用权或者其他财产权利作价出资。有限合伙人不得以劳务出资。有限合伙人应当按照合伙协议的约定按期足额缴纳出资；未按期足额缴纳的，应当承担补缴义务，并对其他合伙人承担违约责任。有限合伙企业登记事项中应当载明有限合伙人的姓名或者名称及认缴的出资数额。

4. 有限合伙企业事务执行

有限合伙企业由普通合伙人执行合伙事务。执行事务合伙人可以要求在合伙协议中确定执行事务的报酬及报酬提取方式。《合伙企业法》规定：“有限合伙人不执行合伙事务，不得对外代表有限合伙企业。”尽管法律规定了有限合伙人不能执行企业事务，但他们有对企业经营通过适当的方式发表意见的权利，如参与选择普通合伙人、参与收益分配等。为区别其参与活动与执行事务的关系，《合伙企业法》规定，有限合伙人从事下列行为，不视为参与执行合伙事务：① 参与决定普通合伙人入伙、退伙；② 对企业经营管理提出建议；③ 参与选择承办有限合伙企业审计业务的会计师事务所；④ 获取经审计的有限合伙企业财务会计报告；⑤ 对涉及自身利益的情况，查阅有限合伙企业财务会计账簿等财务资料；⑥ 在有限合伙企业中的利益受到侵害时，向有责任的合伙人主张权利或者提起诉讼；⑦ 执行事务合伙人怠于行使权利时，督促其行使权利或者为了本企业的利益以自己的名义提起诉讼；⑧ 依法为本企业提供担保。

5. 有限合伙人的权利

小贴士

根据法律规定，有限合伙人有以下权利：① 有限合伙人可以同本有限合伙企业进行交易；但合伙协议另有约定的除外；② 有限合伙人可以自营或者同他人合作经营与本有限合伙企业相竞争的业务；但合伙协议另有约定的除外；③ 有限合伙人可以将其在有限合伙企业中的财产份额出质；但合伙协议另有约定的除外；④ 有限合伙人可以按照合伙协议的约定向合伙人以外的人转让其在有限合伙企业中的财产份额，但应当提前30日通知其他合伙人，其他合伙人有优先购买权。

6. 有限合伙人的个人债务承担

有限合伙人的自有财产不足以清偿其与合伙企业无关的债务的，该合伙人可以以其从有限合伙企业中分取的收益用于清偿；债权人也可以依法请求人民法院强制执行该合伙人在有限合伙企业中的财产份额用于清偿。人民法院强制执行有限合伙人的财产份额时，应当通知全体合伙人。在同等条件下，其他合伙人有优先购买权。

7. 有限合伙人的入伙、退伙与资格继承

（1）有限合伙人的入伙。

在有限合伙企业成立后，合伙人以外的人可以作为有限合伙人加入合伙企业，成为合伙企业的成员。新入伙的有限合伙人对入伙前有限合伙企业的债务，以其认缴的出资额为限承担责任。

（2）有限合伙人的退伙与资格继承。

《合伙企业法》对有限合伙企业的退伙问题做了如下规定：

① 有限合伙人有下列情形之一的，当然退伙：

作为合伙人的自然人死亡或者被依法宣告死亡。

作为合伙人的法人或者其他组织依法被吊销营业执照、责令关闭、撤销，或者宣告破产。

法律规定或者合伙协议约定合伙人必须具有相关资格而丧失该资格。

合伙人在合伙企业中的全部财产份额被人民法院强制执行。

② 作为有限合伙人的自然人在有限合伙企业存续期间丧失民事行为能力的，其他合伙人不得因此要求其退伙。

③ 作为有限合伙人的自然人死亡、被依法宣告死亡或者作为有限合伙人的法人及其他组织终止时，其继承人或者权利承受人可以依法取得该有限合伙人在有限合伙企业中的资格。

④ 有限合伙人退伙后，对基于其退伙前发生的有限合伙企业债务，以其退伙时从有限合伙企业中取回的财产承担责任。

8. 有限合伙人与普通合伙人的相互转换

除合伙协议另有约定外，普通合伙人转变为有限合伙人，或者有限合伙人转变为普通合伙人，应当经全体合伙人一致同意。有限合伙人转变为普通合伙人的，对其作为有限合伙人期间有限合伙企业发生的债务承担无限连带责任。普通合伙人转变为有限合伙人的，对其作为普通合伙人期间合伙企业发生的债务承担无限连带责任。

### 2.2.5 合伙企业的解散与清算

1. 合伙企业的解散

合伙企业的解散又叫散伙，是指由于法律规定的原因或者当事人约定的原因而使全体合伙人之间的合伙协议终止，合伙企业的事业终结，全体合伙人的合伙关系归于消灭。

知识链接

**合伙企业的解散**

合伙企业有下列情形之一时，应当解散：① 合伙期限届满后，合伙人决定不再经营；② 合伙协议约定的解散事由出现；③ 全体合伙人决定解散；④ 合伙人已不具备法定人数满 30 天；⑤ 合伙协议约定的合伙目的已经实现或者无法实现；⑥ 依法被吊销营业执照、责令关闭或者被撤销；⑦ 法律、行政法规规定的其他原因。



2. 合伙企业的清算

合伙企业解散后应当进行清算。合伙企业的清算指依法对宣布解散的合伙企业的财产及其债权债务进行清理，收回债权，清偿债务并最后分配清偿所剩财产和分担债务的行为。

合伙企业清算程序如下：

（1）清算人的确定。

合伙企业解散，清算人由全体合伙人担任；未能由全体合伙人担任清算人的，经全体合伙人过半数同意，可以自合伙企业解散事由出现后 15 日内指定一个或者数个合伙人，或者委托第三人担任清算人。自合伙企业解散事由出现 15 日内未确定清算人的，合伙人或其他利害关系人可以申请人民法院指定清算人。

（2）清算人的职责。

清算人在清算期间执行下列事务：① 清理合伙企业财产，分别编制资产负债表和财产清单；② 处理与清算有关的合伙企业未了结的事务；③ 清缴所欠税款；④ 清理债权、债务；⑤ 处理合伙企业清偿债务后的剩余财产；⑥ 代表合伙企业参加诉讼活动或者仲裁活动。

（3）通知、公告债权人和申报债权。

清算人自被确定之日起 10 日内将合伙企业解散事项通知债权人，并于 60 日内在报纸上公告。债权人应当自接到通知书之日起 30 日内，未接到通知书的自公告之日起 45 日内，向清算人申报债权。债权人申报债权，应当说明债权的有关事项，并提供证明材料。清算人应当对债权进行登记。

（4）合伙企业财产清偿顺序。

合伙企业财产按下列顺序清偿：① 清算费用；② 合伙企业所欠招用职工的工资、社会保险费用和法定补偿金；③ 合伙企业所欠税款；④ 合伙企业的债务。合伙企业财产按上述顺序清偿后仍有剩余的，按合伙协议约定的比例进行分配；合伙协议未约定或者约定不明确的，由合伙人协商决定；协商不成的，由合伙人按照实缴出资比例分配。合伙企业清算时，其全部财产不足清偿债务的，则各合伙人应当承担无限连带责任。

（5）合伙企业注销登记。

合伙企业清算结束后，清算人应当编制清算报告，经全体合伙人签名、盖章后，在 15 日内向企业登记机关报送清算报告，申请办理合伙企业注销登记。

### 3. 合伙企业的破产清算

合伙企业不能清偿到期债务的，债权人可以依法向人民法院提出破产清算申请，也可以要求普通合伙人清偿。合伙企业依法被宣告破产的，普通合伙人对合伙企业债务仍应承担连带责任。

## 2.3 全民所有制工业企业法

**知识链接**

全民所有制工业企业即国有工业企业，是指以生产资料全民所有制为基础的，从事工业生产经营活动的，依法自主经营、自负盈亏、独立核算的商品生产和经营单位。

全民所有制工业企业的财产属于全民所有，国家依照所有权和经营权分离的原则授权企业进行经营管理。企业对国家授予其经营管理的财产享有占有、使用和依法处分的权利。全民所有制企业依法取得法人资格，以国家授予其经营管理的财产承担民事责任。全民所有制企业的根本任务是根据国家计划和市场需要，发展商品生产，创造财富，增加积累，满足人民日益增长的物质和文化生活需要。



## 2.3.1 全民所有制工业企业法

《中华人民共和国全民所有制工业企业法》(以下简称《企业法》)，于1988年4月13日第七次全国人民代表大会第一次会议通过并正式颁布，同年8月1日起施行。

## 2.3.2 全民所有制工业企业的设立、变更和终止

### 1. 全民所有制工业企业的设立

（1）全民所有制工业企业设立的条件。

根据《企业法》的规定，设立全民所有制工业企业必须具备以下条件：

① 产品为社会所需；② 有能源、原材料、交通运输的必要条件；③ 有自己的名称和生产经营场所；④ 有符合国家规定的资金；⑤ 有自己的组织机构；⑥ 有明确的经营范围；⑦ 法律、法规规定的其他条件。

（2）全民所有制工业企业设立的程序。

① 审批。依照法律和国务院规定，设立全民所有制工业企业必须报请政府或者政府主管部门审核批准。

② 登记。拟设立的全民所有制工业企业经审批后，必须到工商行政管理机关办理设立登记手续，经登记领取营业执照后，企业正式成立，依法取得法人资格。



### 2. 全民所有制工业企业的变更

（1）企业变更的形式。

① 合并。合并是指两个或两个以上的企业依照法律、法规的规定程序变更为一个企业的行为。包括吸收合并和新设立合并两种形式。吸收合并是指接纳一个或一个以上的企业加入本企业，加入方解散并取消原法人资格，接纳方存续。新设立合并是指企业与一个或一个以上的企业合并成为一个新企业，原合并各方解散，取消原法人资格。

② 分立。分立是指一个企业依法分为两个或两个以上企业的行为。企业分立的形式：一是派生分立，即企业以一部分财产和业务另设一个新企业，原企业存续；二是新设分立，

即企业以全部财产和业务新设两个或两个以上企业，原企业解散。

③ 其他事项的变更。是指企业在工商行政管理机关已登记的其他事项的变更，如改变企业名称、住所、经营场所、法定代表人、经济性质、经营范围、经营方式、注册资本、经营期限以及增加或撤销分支机构等。

（2）企业变更的程序。

① 申请。即企业变更应向工商行政管理机关或原审批机关提出变更申请。

② 审批。政府主管部门或原审批机关收到申请后予以审查批准。其中企业合并或分立的须就财产、债权债务等事项由合并或分立各方达成协议。

③ 登记。在有关部门批准后30日内，企业应向工商行政管理机关申请变更登记。办理变更登记时，应提交由其法定代表人签署的变更登记申请书、批准文件等有关文件、资料。因合并和分立致使原企业终止的，还应申请办理注销登记。

④ 公告。企业办理完变更登记事项后，应及时将变更情况予以公告。

3. 全民所有制工业企业的终止

全民所有制工业企业的终止是指该企业的法人资格的消灭和组织的解散。

（1）企业终止的原因。

根据《企业法》的规定，全民所有制工业企业终止的原因有：① 违反法律、法规被责令撤销。② 政府主管部门依照法律、法规的规定决定解散。依法决定解散的原因有：企业存续届满；企业设立的宗旨已经实现或者企业经营的业务已经完成；企业章程规定的其他解散事由已经出现；企业因合并或分立需要解散；企业的所有者决定解散。③ 依法宣告破产。④ 其他原因。是指上述三种原因以外由法律、法规规定的企业终止的原因，以及企业章程、协议规定的其他终止原因。

（2）企业终止的程序。

① 决定或裁定。当法定终止的原因出现后，政府或政府有关部门应作出决定，但企业破产的，应由人民法院作出裁决。

② 清算。企业被撤销，被政府主管部门决定解散的，由政府主管部门指定成立的清算组进行清算。企业被宣告破产的，由人民法院依法组织有关部门的有关人员组成清算组进行清算。

③ 登记。企业终止时，应持法定代表人签署的申请注销登记报告、审批机关的批准文件、清理债权债务的有关文件，到工商行政管理机关办理注销登记。经核准后，收缴《企业法人营业执照》及其副本，收缴公章，并将注销登记情况告知其开户银行。同时企业终止时还应向有关部门办理产权注销登记。

④ 公告。

### 2.3.3 全民所有制工业企业的权利和义务

1. 全民所有制工业企业的权利

根据《企业法》和《全民所有制工业企业转换经营机制条例》（以下简称《条例》）的规定，企业享有以下权利。

（1）生产经营决策权。

具体包括：① 生产产品决策权；② 经营范围调整权；③ 指令性计划合同签订权；④ 指令性计划调整权；⑤ 指令性计划外任务拒绝权。

（2）产品劳务定价权。

具体包括：① 日用工业消费品的定价权；② 生产资料的定价权；③ 劳务的定价权。

（3）产品销售权。

具体包括：① 指令性计划外产品的销售权；②指令性计划产品销售权。

（4）物资采购权。

具体包括：① 指令性计划物资的采购权；②指令性计划外物资的采购权。

（5）进出口权。

具体包括：① 企业可以在全国范围内自行选择外贸代理企业从事进出口业务，并有权参与同外商的谈判；②具备条件的企业，经政府有关部门批准，依法享有进出口经营权。有进出口经营权的企业，在获得进出口配额、许可证等方面，享有与外贸企业同等的待遇；企业可以根据国家规定，在境外承揽工程、进行技术合作和提供其他劳务。

（6）投资决策权。

具体包括：① 企业有权依照法律和国务院有关规定，以留用资金、实物、土地使用权、工业产权和非专利技术等向国内的其他企业、事业单位投资，购买和持有其他企业的股份；经政府有关部门批准，企业还可以向境外投资或者在境外开办企业；②企业在遵照国家产业政策和行业、地区发展规划的前提下，可以留用资金和自筹资金从事生产性建设，能够自行解决建设和生产条件的，由企业自主立项，报政府有关部门备案并接受监督。政府有关部门应当根据等级注册的会计师事务所或者审计事务所的验资证明，出具认可企业自行立项的文件。

（7）留用资金支配权。

具体包括：企业在保证实现企业财产保值、增值的前提下，有权自主确定税后留用利润中各项基金的比例和用途，报政府有关部门备案；企业有权拒绝任何部门和单位无偿调拨企业留用资金或者强令企业以折旧费、大修费补缴上缴利润。国务院有特殊规定的除外。

（8）资产处置权。

具体包括：企业根据生产经营的需要，对国家授予其管理的一般性固定资产，可以自行决定出租、抵押或者有偿转让；对关键设备、成套设备或者重要建筑物可以出租，经政府主管部门批准也可以抵押、有偿转让。法律和行政法规另有规定的除外；②企业处置固定资产，应当按照国家有关规定进行评估。企业处置生产性固定资产所得收入，必须全部用于设备更新和技术改造。

（9）联营、兼并权。

具体包括：企业有权与其他企业、事业单位联营；企业有权按照自愿、有偿的原则兼并其他企业，报政府主管部门备案。

知识链接

**联营的三种方式**

联营的方式有三种：① 与其他企业、事业单位共同投资组成新的经济实体，取得法人资格的，独立承担民事责任；② 与其他企业、事业单位共同经营，联营各方按照出资比例或者协议的约定，承担民事责任；③ 与其他企业、事业单位订立联营合同，确定各方的权利与义务，联营各方独立经营，各自承担民事责任。

（10）劳动用工权。

具体包括：企业有权自主招工；企业有权决定用工形式；企业有权实行合理的劳动组合；企业有权依照法律、法规和企业规章的规定，解除劳动合同，辞退、开除职工。

（11）人事管理权。

具体包括：企业对管理人员和技术人员实行聘用制、考核制；企业有权根据需要，设置在本企业内有效的专业技术职务。按照国家统一评定的具有专业技术职称的人员，其职务、待遇由企业自主决定；企业中层行政管理人员，厂长按照国家规定任免，副厂级行政管理人员，由厂长按照国家规定提请政府主管部门任免或经政府主管部门授权，由厂长任免报政府主管部门备案，法律另有规定的除外。

（12）工资、奖金分配权。

具体包括：企业的工资总额依照政府规定的工资总额与经济效益挂钩的办法确定，企业在相应提取的工资总额内，有权自主使用、自主分配工资和奖金；企业有权制定适合本企业特点的工资制度，选择适合本企业的具体分配形式；企业有权制定职工晋级增薪、降级减薪的办法，自主决定晋级增薪、降级减薪的条件和时间。

（13）内部机构设置权。

企业有权决定内部机构的设立、调整和撤销，决定企业的人员编制。

（14）拒绝摊派权。

摊派是指在法律、法规的规定之外，以任何方式要求提供财力、物力和人力的行为。

具体包括：企业有权拒绝任何部门和单位向企业摊派人力、物力、财力。企业可以向审计部门或其他政府有关部门控告、检举、揭发摊派行为，要求作出处理；除法律和国务院另有规定外，企业有权抵制任何部门、单位对企业进行检查、评比、达标、升级、鉴定、考试、考核。

2. 全民所有制工业企业的义务

根据《企业法》和《条例》的规定，企业应承担的义务有：

（1）企业对国家的义务。

① 遵守国家的法律、法规，坚持社会主义方向；② 完成国家下达的指令性计划；③ 依法承担自负盈亏的责任；④ 确保国有资产的保值、增值；⑤ 遵守国家关于财务、劳动工资、物价管理等方面的规定，接受财政、审计、劳动工资和物价等机关的监督；⑥加强保卫工作，维护生产秩序，保护国家财产。

（2）企业对社会的义务。

① 保证产品质量和服务质量，对用户和消费者负责；② 履行依法订立的合同；③ 防止对环境的污染和破坏。

（3）企业对职工的义务。

① 加强职工思想政治教育、法制教育、国防教育、科学文化教育和技术业务培训，提高职工队伍的素质；② 支持和鼓励职工进行科学研究、发明创造，开展技术革新、合理化建议和劳动竞赛活动；③ 贯彻安全生产制度，改善劳动条件，做好劳动保护工作，做到安全生产。

### 2.3.4 全民所有制工业企业的组织机构

1. 厂长

（1）厂长的产生和任免。

根据《企业法》的规定，厂长的产生，除国务院另有规定外，由政府主管部门根据企业的情况采取下列方式：① 政府主管部门委任或者招聘；② 企业职工代表大会选举。政府主管部门委任或者招聘的厂长人选，须征求职工代表的意见；企业职工代表大会选举的厂长须报政府主管部门批准。政府主管部门委任或者招聘的厂长，由政府主管部门免职或解聘，并须征求职工代表的意见；企业职工代表大会选举的厂长，由职工代表大会罢免，并须报政府主管部门批准。

（2）厂长的法律地位。

企业实行厂长负责制，厂长的法律地位具体体现在：① 厂长在企业中，对内是生产经营管理系统的中心，对企业的物质文明建设和精神文明建设负有全部责任；② 厂长在企业中，对外是企业的法定代表人，依法代表企业行使权力，进行民事、经济活动。

（3）厂长的职权。

《企业法》规定，厂长可以行使下列职权：

① 依照法律和国务院的规定，决定或者报请审查批准企业的各项计划；② 决定企业行政机构的设置；③ 提请政府主管部门任免或者聘任、解聘副厂级行政领导干部。法律和国务院另有规定的除外；④ 任免或者聘任、解聘企业中层行政领导干部。法律另有规定的除外；⑤ 提出工资调整方案、奖金分配方案和重要的规章制度，提请职工代表大会审查同意。提出福利基金使用方案和其他有关职工生活福利的重大事项的建议，提请职工代表大会审议决定；⑥依法奖惩职工；提请政府主管部门奖惩副厂级行政领导干部。

2. 全民所有制工业企业的职工代表大会

（1）职工代表大会的性质。

《企业法》规定："职工代表大会是企业实行民主管理的基本形式，是职工行使民主管理权力的机构。"由此可见，职工代表大会不是咨询机构和参谋机构，也不能视为企业的权力机构。

（2）职工代表大会的职权。

根据《企业法》第 52 条的规定，职工代表大会行使的职权有：① 听取和审议厂长关于企业的经营方针、长远计划、年度计划、基本建设方案、重大技术改造方案、职工培训计划、留用资金分配和使用方案、承包和租赁经营责任方案的报告，提出意见和建议；② 审查同意或者否决企业的工资调整方案、奖金分配方案、劳动保护措施、奖惩办法以及其他重要的规章制度；③ 审议决定职工福利基金使用方案、职工住宅分配方案和其他有关职工生活福利的重大事项；④ 评议、监督企业各级行政领导干部，提出奖惩和任免建议；⑤ 根据政府主管部门的决定选举厂长，报政府主管部门批准。

（3）职工代表大会的组织制度。

① 职工代表大会的组织机构。

职工代表大会的组织机构包括开会期间选出的主席团、工会委员会、专门小组（或专门委员会）。主席团成员由工人、技术人员、管理干部和企业领导干部组成，其中工人、技术人员、管理人员应超过半数。主席团只负责主持会议。工会委员会是职工代表大会的工作机构，负责职工代表大会的日常工作。专门小组由职工代表大会根据需要设立，可以是临时性的，也可以是经常性的。

② 职工代表大会的议事规则。

职工代表大会至少每年召开一次。每次会议必须由 2/3 以上的职工代表出席。遇到重大事项，经厂长、工会委员或 1/3 以上的职工代表提议，可以召开临时会议。职工代表大会进行选举或作出决议，必须经全体职工代表过半数通过。

### 2.3.5 企业与政府的关系

《企业法》及《条例》从政府作为国家所有权的代表和社会经济管理者两个方面，对企业与政府的关系做出规定。

1. 政府对企业行使所有权管理职能

企业的财产属于全民所有，即国家所有，国务院代表国家行使企业财产的所有权。国务院对企业财产所有权的行使是通过其有关部门进行的。为了确保企业财产所有权，政府及其有关部门分别行使下列职责：① 考核企业财产保值、增值指标，对企业资产负债和损益情况进行审查和审计监督；② 根据国务院的有关规定，决定国家与企业之间财产收益分配方式、比例或者定额；③ 根据国务院的有关规定，决定、批准企业生产性建设项目，法律、法规规定由企业自主决定的投资项目除外；④ 决定或者批准企业的资产经营形式和企业设立、合并、分立、终止、拍卖，批准企业提出的被兼并申请和破产申请；⑤ 根据国务院的有关规定，审批企业财产的报损、冲减、核销及关键设备、成套设备或者重要建筑物的抵押、有偿转让，组织清算和收缴被撤销、解散企业的财产；⑥ 依照法定条件和程序，决定或者批准企业厂长的任免（聘任、解聘）和奖励；⑦ 拟订企业财产管理法规，并对执行情况进行监督、检查；⑧ 维护企业依法行使经营权，保障企业的生产经营活动不受干预，协助企业解决实际困难。

2. 政府对企业实施社会管理职能

（1）加强宏观调控和行业管理。

（2）培育和完善市场体系，发挥市场调节作用。

（3）建立社会保障体系，为企业提供社会福利服务。

（4）发展社会中介组织，为企业提供社会服务。

### 2.3.6 违反企业法的法律责任

1. 企业及其领导人违反企业法的法律责任

根据《企业法》和《条例》的规定，企业有下列行为之一的，政府或政府有关部门应当责令其改正，情节严重的，对厂长、其他领导人和直接责任人员分别追究行政责任，给予经济处罚，并按照有关法律、法规对企业给予相应的行政处罚；构成犯罪的，由司法机关依法追究刑事责任：

（1）企业因生产、销售质量不合格的产品，给用户和消费者造成财产、人身损害的。

（2）未按照规定执行指令性计划，或者不履行经济合同，长期拖欠货款的。

（3）对国家直接定价的产品，擅自提价的。

（4）未按照规定履行建设项目审批手续，擅自立项和开工建设的。

（5）因决策失误，建设项目不能按期投产，或者投产后产品无销路、投资无效益，致使企业财产遭受损失的。

（6）不具备偿还能力，盲目贷款，致使企业财产遭受损失的。

（7）未经批准，擅自处置企业的关键设备、成套设备或者重要建筑物，造成企业财产损失的。

（8）滥用劳动用工权、人事管理权和工资、奖金分配权，侵犯职工合法权益的。

（9）违反财务制度，不提或者少提折旧费、大修费，少计成本或者挂账不摊，造成企业利润虚增或者虚盈实亏的。

（10）将生产性折旧费、大修理费、新产品开发基金或者处置生产性固定资产所得收入用于发放工资、奖金或者增加集体福利的。

（11）在企业变更、终止过程中，因管理不善，或者使用非法手段处置企业财产，造成损失的。

（12）因经营管理不善，致使企业财产遭受损失或者企业破产的。

（13）其他违反法律、法规规定，滥用经营权的。

企业领导干部滥用职权侵犯职工合法权益的，追究其行政责任；情节恶劣，造成严重后果的要按照刑法有关规定，追究责任人的刑事责任。

2. 政府及政府有关部门违反企业法的法律责任

《条例》规定，政府有关部门有下列行为之一的，上级机关应责令其改正；情节严重的，由同级机关或者有关上级机关对主管人员和直接责任人员给予行政处分；构成犯罪的，由司法机关依法追究刑事责任：

（1）超越、滥用管理权限下达指令性计划并强令企业执行的。

（2）干预企业投资决策权或者审批企业投资项目有重大失误的。

（3）以封锁、限制或者其他歧视性措施，侵犯企业物资采购权或者产品销售权的。

（4）干预、截留企业的产品、劳务定价权的。

（5）限制、截留企业进出口权，或者平调、挤占、挪用企业自主使用留成外汇的。

（6）截留或者无偿调拨企业留用资金，或者干预企业资产处置权的。

（7）强令企业对职工进行奖励、晋级增薪、干预企业录用、辞退、开除职工或者解除劳动合同的。

（8）未按照法定程序和条件任免厂长、其他厂级领导或者干预厂长行使中层行政管理人员任免权的。

（9）强令企业设置对口机构、规定编制人员的级别待遇，以及违反法律和国务院规定，对企业进行检查、评比、评优、达标、升级、鉴定、考试、考核的。

（10）非法要求企业提供人力、物力、财力的，以及对拒绝摊派的企业进行打击报复的。

（11）未依照法定程序和条件，阻止或者强迫企业进行组织结构调整的。

（12）不依法履行对企业监督、检查职责，或者有其他非法干预企业经营权、侵犯企业合法权益的。

3. 其他人员违反企业法的法律责任

阻碍厂长和各级管理人员依法行使职权的，或者扰乱企业秩序，致使生产、营业、工作不能正常进行，尚未造成严重损失的，由企业所在地公安机关给予治安管理处罚；情节严重构成犯罪的，由司法机关依法追究刑事责任。





# 2.4 中外合资经营企业法

**知识链接**

中外合资企业是指中外合营者（中国的企业或其他经济组织同外国的企业、其他经济组织或个人）依照中华人民共和国法律的规定，在中国境内共同投资、共同经营，并按投资比例分享利润、分担风险及亏损的企业。

小贴士

中外合营企业的主要特征：

① 合营企业是由外国合营者与中国合营者共同举办的。

② 中外合资经营企业是股权式企业，其组织形式为有限责任公司。合营各方对合营企业的责任以各自认缴的出资额为限。

③ 合营企业是中国法人，必须遵守中国法律和法规，并受中国法律的保护。

## 2.4.1 中外合资经营企业法概述

### 1. 中外合资经营企业法的概念和立法宗旨

中外合资经营企业法是调整中外合资企业在设立、变更、终止以及生产经营过程中发生的各种经济关系的法律规范的总称。1979 年 7 月 1 日，第五届全国人民代表大会第二次会议通过，并于 1990 年 4 月 4 日第七届全国人民代表大会第三次会议和 2001 年 3 月 15 日第九界全国人民代表大会第四次会议修改的《中华人民共和国中外合资经营企业法》（以下简称《合营企业法》）及其实施条例，是中外合资经营企业（以下简称合营企业）的主要法律依据。

《合营企业法》的立法宗旨是为了扩大国际经济合作和技术交流，通过法律规范合营企业，以利于维护其合法权益和加强管理，促进对外开放，促进经济发展。《合营企业法》遵循了维护国家主权、平等互利和遵循国际惯例的原则。

### 2. 中外合资经营企业的法律地位

合营企业一经中国政府批准成立，就具有中国法人的资格，受中国法律的管辖和保护。合营企业在我国法律允许的范围内，在产、供、销、人、财、物等方面享有广泛的自主权。合营企业的一切活动，应遵照中国法律、法规和有关条例规定。中国政府依法保护外国合营者的投资、应分得的利润和其他合法权益。国家对中外合资经营企业不实行国有化征收。但在特殊情况下，根据社会公共利益的需要，对中外合资经营企业可以依照法律程序实行征收，并给予相应的补偿。

## 2.4.2 中外合资经营企业的设立

### 1. 设立的条件

申请设立的合营企业应注重经济效益，符合下列一项或数项要求：

（1）采用先进技术设备和科学管理方法，能增加产品品种，提高产品质量和产量，节约能源和材料。

（2）有利于企业技术改造，投资少、见效快、收益大。

（3）能扩大产品出口，增加外汇收入。

（4）能培训技术人员和经营管理人员。

申请设立合营企业有下列情况之一的，不予批准：

（1）有损中国主权的。

（2）违反中国法律的。

（3）不符合中国国民经济发展要求的。

（4）造成环境污染的。

（5）签订的协议、合同、章程显属不公平，损害合营一方权益的。

2. 设立的程序

（1）申请。

中国合营者应向企业主管部门呈报拟与外国合营者设立合营企业的项目建议书和初步可行性研究报告，经审查同意并转报审批机构批准后，合营各方才能进行以可行性研究为中心的各项工作，并在此基础上协商签订合营企业的协议、合同和章程。

（2）审批。

中华人民共和国对外贸易经济主管部门及受其委托的省、自治区、直辖市人民政府或国务院有关部委为合营企业的审批机构。国家规定的限额以上，限制投资和涉及配额、许可证管理的合营企业设立由国务院对外经济贸易主管部门负责核准；当拟设立的合营企业的投资总额在国务院规定的限度之内，中国合营者的资金已经落实，并且不需要国家增拨原材料，不影响燃料、动力、交通运输、外贸出口配额等全国平衡的情况下，可由国务院对外经济贸易主管部门委托的各省、自治区、直辖市人民政府及国务院有关行政机关审批，报国务院对外经济贸易主管部门备案。

设立合营企业，应由中国合营者负责向审批机构报送设立合营企业的申请书，可行性研究报告，合同企业协议、合同和章程，合营企业的董事长、副董事长、董事人选名单，企业主管部门和合营企业所在地的省、自治区、直辖市人民政府对设立该合营企业签署的意见。审批机构自接到全部文件之日起 3 个月内决定是否批准；经批准的，发给批准证书。

（3）注册登记。

申请者应当自收到批准证书之日起 1 个月内向有关工商行政管理机关办理登记手续。合营企业的营业执照签发日期为企业成立日期。

### 2.4.3 中外合资经营企业的组织形式、注册资本与投资总额

1. 合营企业的组织形式

合营企业的组织形式为有限责任公司。合营各方按注册资本比例分享利润和分担风险

及亏损，以各自认缴的出资额为限对企业承担责任。

2. 合营企业的注册资本

合营企业的注册资本是指为设立合营企业在登记管理机构注册的资本总额。应为合营各方认缴的出资之和。合营企业的注册资本应符合下列条件：

（1）合营企业的注册资本中，外国合营者的出资比例一般不低于25%，这是对外国合营者认缴出资的最低限制，对上限未作规定。

（2）合营企业在合营期限内，不得减少注册资本，但因为投资总额和生产经营规模等发生变化，确需减少注册资本的，须经审批机关批准。对合营企业在合营期限内增加注册资本，法律未作禁止性规定。但增加注册资本应当经合营各方协商一致，并由董事会会议通过，报经原审批机关核准。合营企业增加、减少注册资本，应当修改合营企业章程，并办理变更注册资本登记。

（3）合营企业的注册资本应符合我国公司法对有限责任公司注册资本的最低限额的规定。

知识链接

**合营企业注册资本与投资总额的关系**

合营企业注册资本与投资总额的比例要符合法律规定：① 投资总额在300万美元以下的（含300万美元），注册资本至少应占投资总额的7/10；② 投资总额在300万美元以上至1000万美元的，注册资本至少应占投资总额的1/2，其中投资总额在420万美元以下的，注册资本不得低于210万美元；③ 投资总额在1000万美元以上至3000万美元的，注册资本至少应占投资总额的2/5，其中投资总额在1250万美元以下的，注册资本不得低于500万美元；④ 投资总额在3000万美元以上的，注册资本至少应占投资总额的1/3，其中投资总额在3600万美元以下的，注册资本不得低于1200万美元。合营企业在合营期内不得减少其注册资本。经合营他方同意和审批机构批准，合营一方可以向第三者转让其全部或部分出资额；一方转让出资额时，合营他方有优先购买权。

3. 合营各方的出资方式

合营者可以以货币出资，也可以用建筑物、厂房、机器设备或其他物料、工业产权、专有技术、场地使用权等作价出资。以建筑物、厂房、机器设备或其他物料、工业产权、专有技术作为出资的，其作价由合营各方按照公平合理的原则协商解决，或聘请合营各方同意的第三者评定。外国合营者出资的外币，按缴纳当日中国人民银行公布的基准汇率折算成人民币或者套算成约定的外币。中国合营者出资的人民币现金，需要折算成外币的，按缴纳当日中国人民银行公布的基准汇率折算。

4. 合营企业的出资期限

我国相关法律对包括中外合作、外资企业在内的外商投资企业，规定了共同适用的出资期限。外商投资企业的投资应按照项目进度，在合同、章程中明确约定出资期限。未作规定的，审批机关不予批准，登记机关不予登记注册。外商投资企业合同中规定一次缴付出资的，投资各方应当自营业执照签发之日起 6 个月内缴清；合同中规定分期缴付出资的，投资各方第一期出资不得低于各自认缴出资额的 15%，并且应当在营业执照签发之日起 3 个月内缴清。

对通过收购国内企业资产或股权设立外商投资企业的外国投资者，应自外商投资企业营业执照颁发之日起 3 个月内支付全部购买金。

## 2.4.4 中外合资经营企业的组织机构

1. 权力机构

董事会是合营企业的最高权力机构，决定合营企业的一切重大问题。中外合营者的一方担任董事长的，由他方担任副董事长，董事长是合营企业的法定代表人。董事会成员不得少于 3 人，董事名额分配由合营各方参照出资比例协商确定。董事由各方委派，任期为 4 年，经合营各方委派可以连任。董事会议由董事长召集，董事长不能召集的，由董事长委托副董事长或其他董事召集并主持董事会会议。董事会会议每年至少召开一次，董事会会议应有 2/3 以上董事出席方能举行，其决议方式可以根据合营企业章程载明的议事规则作出，但涉及合营企业章程修改、终止、解散、章程资本增加、转让、与其他经济组织合并等事项时，必须是全体董事会会议的董事一致通过。

2. 经营管理机构

合营企业设立经营管理机构负责日常的经营管理工作。经营管理机构设总经理 1 人，副总经理若干人。正副总经理由合营各方分别担任，均由合营企业董事会聘请。总经理执行董事会会议的各项决议，组织领导合营企业的日常经营管理工作。在董事会授权范围内，总经理对外代表合营企业，对内任免下属人员，行使董事会授予的其他职权。

## 2.4.5 中外合资经营企业的经营管理

（1）生产经营管理。

（2）财务会计管理。

（3）劳动用工管理。

### 2.4.6 中外合资经营企业的期限、解散和清算

1. 合营企业的期限

合营企业的期限，按不同情况，作不同的约定。有的行业的合营企业应当约定合营期限；有的行业的合营企业，可以约定合营期限，也可以不约定合营期限。其中，从事服务性行业、土地开发及经营房地产行业，资源勘查开发，国家规定限制投资项目，国家其他法律、法规规定需要约定合营期限的行业的合营企业，应当在合营合同中约定合营企业的合营期限。

知识链接

**合营期限的法律规定**

合营企业的合营期限，原则上为10年至30年。投资大、建设周期长、资金利润率低的项目以及由外国合营者提供先进技术或者关键技术生产尖端产品项目，或者在国际上有竞争力的产品项目，其合营期限可以延长到50年。经国务院特别批准的，可以延长到50年以上。对于属于国家规定鼓励投资和允许投资项目的合营企业，除前述行业外，合营各方可以在合同中约定合营期限，也可以不约定合营期限。

约定合营期限的合营企业，合营各方同意延长合营期限的，应在距合营期满6个月前向审查批准机关提出申请。审查批准机关应自接到申请之日起1个月内决定批准或不批准。

2. 中外合资经营企业的解散

合营企业合营期限届满而不申请延长合营期限的，合营企业自然解散，这属于正常解散。而在合同规定的有效期内，发生下列情况，应由董事会提出解散申请书，报审批机构批准：

（1）企业发生严重亏损，无力继续经营。

（2）合营一方不履行合营企业协议、合同、章程规定的义务，致使企业无法继续经营。

（3）因自然灾害、战争等不可抗力遭受严重损失，无法继续经营。

（4）合营企业未达到其经营目的，同时又无发展前途。

（5）合营企业合同、章程所规定的其他解散原因已出现。

3. 中外合营经营企业的清算

合营企业宣告解散时，应当进行清算。合营企业应当按照《外商投资企业清算办法》的规定成立清算委员会，由清算委员会负责清算事宜。清算委员会一般应当在合营企业的董事中选任。董事不能担任或者不适合担任的，合营企业可以聘请中国的注册会计师、律师担任。审批机关认为必要时，可以派人进行监督。

清算委员会的主要任务：

（1）对合营企业财产、债权、债务进行全面清查。

（2）编制资产负债表和财产目录，提出财产作价依据，制订清算方案。

（3）履行企业偿债义务。

（4）清算期间，清算委员会代表该合营企业起诉或者应诉。

## 2.5 中外合作经营企业法

**知识链接**

中外合作经营企业（以下简称合作企业）是指中国合作者与外国合作者依照中华人民共和国法律的规定，在中国境内举办的，按合作企业合同的约定分配收益或者产品，分担风险和亏损的企业。

外国合作者可以是外国的企业、其他经济组织或者个人，中国合作者可以是中国的企业和其他经济组织。由于中外合作经营企业具有灵活机动的特点，投资可多可少，期限可长可短，见效一般较快，因此深受中外合作者欢迎。

中外合作经营，通常是中外合作双方各自提供一定投资条件，双方合作从事特定项目的经营。中外合作经营的性质，从法律上讲属于契约式合营。合作双方的权利和义务，包括投资或合作条件、收益或产品的分配、风险和亏损的分担、经营管理的方式和合作企业终止时财产的归属等事项，均由合同约定。

**知识链接**

**合作企业与合营企业的区别**

中外合作经营企业与合资经营企业在法律性质上有明显不同，主要表现为：① 合作企业属于契约式的外商投资企业，中外合作者之间权利义务分配按照合同的约定处理，与双方的出资比例之间没有必然的联系；而中外合资经营企业属于股权式的外商投资企业，合作者之间权利义务分配按照出资比例进行确定，此为法定性的标准；② 中外合作经营企业出资方式灵活，允许双方约定有一方先行收回投资；而中外合资经营企业则不允许其中一方先行收回投资；③ 合作企业的组织形式多样，既可以组织法人型合作企业，也可以组织合伙型合作企业；而合资企业的组织形式为有限责任公司，属于法人型企业。

### 2.5.1 中外合作经营企业法的概述

中外合作经营企业法是指调整中外合作经营企业的设立、变更、终止及其在生产经营活动中发生的各种经济关系的法律规范的总称。1988 年 4 月 13 日第七次全国人民代表大会第一次会议通过，并于 2000 年 10 月 31 日第九次全国人民代表大会常务委员会第十八次会议修改的《中华人民共和国中外合作经营企业法》（以下简称《合作企业法》），是调整合作企业关系的基本法。

### 2.5.2 中外合作经营企业的设立

1. 设立条件

在中国境内设立合作企业，应当符合国家的发展目标和产业政策。国家鼓励设立的合作企业有两类：一是产品出口的生产型合作企业。二是技术先进的生产型合作企业，这是指外国合作者提供先进技术从事新产品的开发，实现产品升级换代，以增加出口创汇或者替代进口的生产型合作企业。

2. 设立的程序

（1）由中国合作者向审批机关报送有关文件。

文件包括合作企业的项目建议书；合作各方共同编制的可行性研究报告；合作企业协议、合同、章程；合作各方的营业执照或注册登记证明、资信证明及法定代表人的有效证明文件；合作各方协商确定的合作企业董事会或者联合管理委员会人选名单；审查机关要求报送的其他文件。

（2）审查批准机关审批。

审查批准机关是指国务院对外经济贸易主管部门或者国务院授权的部门和地方人民政府。审查批准机关应自收到规定的全部文件之日起 45 日内决定批准或者不批准。国务院对外经济贸易主管部门或者国务院授权的部门批准设立的合作企业，由国务院对外经济贸易主管部门颁发批准书；国务院授权的地方人民政府设立的合作企业由有关地方人民政府颁发批准书，并自批准之日起 30 日内将有关批准文件报送国务院对外经济贸易主管部门备案。

（3）登记注册。

批准设立的合作企业应当依法向工商行政管理机关授权登记，领取营业执照。合作企业的营业执照签发日期为企业成立日期。

### 2.5.3 中外合作经营企业的组织形式与管理形式

确定投资各方在合作企业中权利与义务关系及指导合作企业运行的文件主要有合作企业的合同和合作企业章程。合作企业合同是合作各方为设立合作企业就相互之间的权利义务关系达成一致意见的最后形成的书面文件。合作企业章程即按照合作企业合同约定，经合作各方一致同意，约定合作企业的组织原则、经营管理方法等事项的书面文件。

（1）合作企业的组织形式。

可以申请设立具有法人资格的合作企业，也可以申请设立不具有法人资格的合作企业。具有法人资格的合作企业，其组织形式为有限责任公司。合作方对合作企业的责任以各自认缴的出资额或提供的条件为限，合作企业以其全部资产对其债务承担责任。不具有法人资格的合作企业，合作各方是合伙关系。合作各方应根据其认缴的出资额或提供的条件，在合作合同中约定各自承担债务责任的比例，但不影响合作各方承担连带责任。偿还合作企业债务超过自己应承担数额的合作一方，有权向其他合作者追偿。

（2）合作企业的管理形式。

合作企业的管理形式有三种：

① 董事会制。法人型合作企业一般实行董事长制，董事会是合作企业的最高权力机构，决定合作企业的最大问题。董事会成员不得少于 3 人，董事会的组成、董事长的人选由合作双方协商确定。董事会决定或聘请总经理负责合作企业的日常经营管理工作，总经理对董事会负责。

② 联合管理制。非法人型合作企业采用联合管理制，即由合作各方委派代表组成联合管理委员会，代表合作各方共同管理合作企业。联合管理机构是合作企业最高领导决策机构，有权决定合作企业的一切重大问题，任命或选派总经理负责日常经营管理工作。

③ 委托管理制。委托管理制是指合作企业成立后，经董事会或联合管理委员会一致同意，委托合作各方以外的他人经营管理合作企业。采用这种管理形式的合作企业，应当与被委托人签订委托经营管理合同。合作企业应当将董事会合作联合管理委员会的决议、签订的委托经营管理合同，连同被委托人的资信证明等文件，一并报送审查批准机关审核批准。在实践中，委托管理制还有另一种形式，即经合作企业的中外双方同意，委托合作一方进行管理，另一方不参加管理。





### 2.5.4 中外合作经营企业的投资方式与财产所有权

（1）合作各方的投资方式。

合作各方应依法和依合作企业的约定向合作企业投资或提供合作条件。合作各方投资或提供合作条件的方式可以是货币，也可以是实物或者工业产权、专业技术、土地使用权等财产权利。合作各方自有的财产或财产权利作为投资或合作条件，对该投资或合作条件不得设立抵押或其他形式的担保。合作各方缴纳投资或合作条件后，应由中国注册会计师验证并出具证明。具有法人资格的合作企业，外方合作者的投资一般不低于合资企业注册资本的 25%；不具有法人资格的合作企业，对合作各方向合作企业投资或提供合作条件的具体要求，由国务院对外经济贸易主管部门规定。

（2）合作者投资的财产所有权。

关于合作者投资的财产所有权，如果是法人型的合作企业，其各方投资或提供的合作条件，归独立的合作企业法人所有。非法人型合作企业，合作各方的投资或提供的合作条件，为合作各方分别所有。经合作各方约定，也可以共用，或者部分分别所有、部分共有，合作企业经营积累的财产，归合作各方共有。不论采取何种方式，非法人型合作企业合作各方的投资或提供的合作条件，由合作企业统一管理和使用，未经合作他方同意，任何一方不得擅自处理。

### 2.5.5 中外合作经营企业收益分配、亏损风险分担及投资回收

1. 合作企业的收益分配与亏损风险分担

在合营企业中，合营各方是按照注册资本中的投资比例分享利润和分担风险及亏损。而合作企业的合作各方是依照合作企业合同的约定，分配收益或产品，承担风险和亏损。在收益分配上，中外合作者可以采用分配利润、分配产品或合作各方共同商定的其他方式分配收益。采用分配产品或其他方式分配收益的，应当按照税法的有关规定计算应纳税额。外国合作者在合作期限内先行收回投资的，中外合作者应当依照有关法律的规定和合作企业合同约定，对合作企业的债务承担责任。

2. 合作企业的投资回收

（1）外商先行收回投资的方式。

中外合作者在合作企业合同中约定合作期限届满时，合作企业的全部固定资产无偿归中国合作者所有的，外国合作者在合作期限内可以申请按下列方式先行收回其投资：① 在按照投资或者提供合作条件进行分配的基础上，在合作合同中约定扩大外国合作者的收益分配比例；② 经财政税务机关审查批准，外国合作者在合作企业缴纳所得税前回收投资；③ 经财政税务机关和审查批准机关批准的其他回收投资方式。

（2）外商先行收回投资的法定条件。

外国合作者在合作期限内先行收回投资应符合下列法定条件：① 中外合作者在合作企业合同中约定合作期限届满时，合作企业的全部固定资产无偿归中国合作者所有；

② 对于税前回收投资的必须向财政税务机关提出申请，并由财政税务机关依法审查批准；③ 中外合作者应当依照有关法律的规定和合作企业合同约定，对合作企业的债务承担责任；④ 外国合作者提出先行收回投资的申请，并具体说明先行收回投资的总额、期限和方式；⑤ 外国合作者应在合作企业的亏损弥补之后，才能先行回收投资。

**案例 2-4**

中国某市的甲公司与韩国的乙公司商定，共同组建一家中外合作企业，合作经营期限为15年，韩国乙公司在合作期的前十年通过利润分成的办法（税前）先行回收投资，期满后全部固定资产归中方所有。

请分析：甲乙两公司需履行什么手续？

**案例分析**

根据《合作企业法》的规定，合作企业合同约定外国合作者在税前先行回收投资的，必须向财政税务机关提出申请，由财政税务机关依照国家税收的规定审查批准。

课堂随笔

### 2.5.6 中外合作经营企业的期限、解散和清算

1. 合作企业的期限

合作企业的期限由中外合作者协商确定，并在合作合同中写明。合作企业期限届满，合作各方协商同意要求延长合作期限的，约定在期限届满的180日前向审查批准机关提出申请，审查批准机关应当自接到申请之日起30日内，决定批准或者不批准。经批准延长合作期限的，合作企业凭批准文件向工商行政管理机关办理变更登记手续，延长的期限从期限届满后的第一天起算。合作企业合同约定外国合作者先行回收投资，并且投资回收完毕的，合作企业期限届满不再延长。但外国合作者增加投资的，经合作各方协商同意，可以向审查批准机关申请延长合作期限。

2. 合作企业的解散

合作企业的解散主要有以下原因：

（1）合作期限届满。

（2）合作企业发生严重亏损或者因不可抗力遭受损失，无力继续经营。

（3）中外合作者一方不履行合作企业合同、章程规定的义务，致使合作企业无法继续经营。

（4）合作企业合同、章程规定的其他解散原因已经出现。

（5）合作企业违反法律、行政法规，被依法责令关闭。

上述第（2）和第（4）项所列情形发生时，应当由合作企业的董事会或者联合委员会作出决定，报审查批准机关批准。在第（3）项所列情况下，不履行合作企业合同、章程规定的义务的中外合作者一方或者数方，应当对履行合同的他方因此遭受的损失承担赔偿责任。履行合同的一方或数方有权向审查批准机关提出申请，解散合作企业。

3. 合作企业的清算

《合作企业法》第23条规定："合作企业期满或者提前终止时，应当按照法定程序对资产和债权债务进行清算。中外合作者应当依照合作企业合同的约定确定合作企业财产的归属。"即合作企业的清算事宜，应当依照国家有关法律、行政法规及合作企业合同、章程的规定办理。

# 2.6 外资企业法

**知识链接**

外资企业是指依照中国的法律规定，在中国境内设立的，全部资本由外国投资者投资的企业。

外资企业不包括外国的企业和其他经济组织在中国境内设立的分支机构。外国投资者可以是外国的企业和其他经济组织，也可以是外国的个人。

**知识链接**

**外资企业的主要特征**

（1）外资企业是依照中国的法律在中国境内设立的法人企业。

（2）外资企业的全部资本由外国投资者投入。

（3）外资企业不包括外国企业和其他经济组织在中国境内设立的分支机构。

（4）外资企业是独立的经济实体，独立经营，独立核算，自负盈亏，独立承担法律责任。

外资企业法是调整外资企业在设立、变更、终止以及生产经营过程中发生的各种经济关系的法律规范的总称。《中华人民共和国外资企业法》（以下简称《外资企业法》）于

1986年4月12日第六届全国人民代表大会第四次会议通过，并于2000年10月31日第九届全国人民代表大会常务委员会第十八次会议修改。

## 2.6.1 外资企业的设立

1. 设立外资企业的条件

设立外资企业必须有利于中国国民经济的发展，能够取得显著的经济效益。国家鼓励举办两类外资企业：① 产品出口的外资企业。即年出口产品的产值达到当年产值50%以上，实现外汇收支平衡或者结余的。② 技术先进的外资企业。即采用先进技术和设备，从事新产品开发，实现产品升级换代，节约能源和原材料的外资企业。

申请设立外资企业有下列情形之一的，不予批准：① 有损中国主权或者社会公共利益的；② 危及中国国家安全的；③ 违反中国法律、法规的；④ 不符合中国国民经济发展要求的；⑤ 可能造成环境污染的。

2. 设立外资企业的程序

（1）提交报告。

外国投资者向拟设外资企业所在地的县级或者县级以上人民政府提交报告。报告内容包括：设立外资企业的宗旨；经营范围、规模；生产产品；使用的技术设备；用地面积及要求；需要用水、电、煤、气或者其他能源的条件及数量；对公共设施的要求等。收到报告的人民政府应自收到之日起30日内以书面形式答复外国投资者。

（2）申请。

报告经地方政府批准后，外国投资者应当通过地方政府向审批机关提出申请，报送下列文件：设立外资企业申请书；可行性研究报告；外资企业章程；外资企业法定代表人员名单；外国投资者的法律证明文件和资信证明文件；拟设立外资企业所在地的县级或者县级以上人民政府的书面答复；需要进口的物资清单等。

（3）审批。

审批机关（国务院对外经济贸易主管部门及国务院授权的省级人民政府和计划单列市、经济特区人民政府）在收到申请文件之日起90日内决定是否批准。

（4）登记注册。

外国投资者在收到批准证书之日起30日内向工商行政管理机关申请登记，领取营业执照，营业执照签发之日为该企业成立日期。外资企业在成立之日起30日内向税务机关办理税务登记。外国投资者在收到批准证书之日起30日内未向工商行政管理机关申请登记的，批准证书自动失效。

## 2.6.2 外资企业的组织形式、注册资本与出资方式

1. 外资企业的组织形式

外资企业的组织形式为有限责任公司，经批准也可以为其他责任形式。外资企业组织形式为有限责任公司的，外国投资者对企业的责任以其认缴的出资额为限。外资企业为其他责任形式的，外国投资者对企业的责任适用中国法律、法规的规定。外资企业的最高权力机构由资本持有者组成。应根据其组织形式设立董事会，董事长是企业的法定代表人，须向中国政府申报备案。

2. 外资企业的注册资本

外资企业的注册资本是指为设立外资企业在工商行政管理机关登记的资本总额，即外国投资者认缴的全部出资额。外资企业的注册资本要与其经营规模相适应，注册资本与投资总额的比例应当符合中国有关规定。外资企业在经营期限内不得减少其注册资本。外资企业的注册资本增加、转让，须经审批机关批准，并向工商行政管理机关办理变更登记手续。外资企业将其财产或权益对外抵押、转让，须经审批机关批准并向工商行政管理机关备案。

3. 外资企业的出资方式

外国投资者可以用可自由兑换的外币出资，也可以用机器设备、工业产权、专有技术等作价出资。经审批机关批准，外国投资者也可以用其从中国境内举办的其他外商投资企业获得的人民币利润出资。

## 2.6.3 外资企业的管理

1. 产、供、销方面的规定

外资企业在批准的经营范围内，自主经营管理，可以自行制订生产经营计划，但应报其所在地行业主管部门备案。外资企业在制订生产经营计划，购买物资、销售产品方面享有与合营企业大致相同的自主权。

2. 会计、税收方面的规定

外资企业应依照中国法律、法规和财政机关的规定，建立财务会计制度并报其所在地财政、税务机关备案。其年度会计报表和清算会计报表，应依照中国财政、税务机关的规定编制，并应聘请中国的注册会计师进行验证和出具报告，在规定的时间内报送财政、税务机关，并报审批机关和工商行政管理机关备案。此外，外资企业还应向上述机关报送年度资产负债表和损益表。

知识链接

**外资企业的特殊税收政策**

和合营企业相同，外资企业应缴纳增值税、消费税、营业税、外商投资企业和外国企业所得税、关税、城市房地产税和车船使用牌税。根据规定，外资企业进口下列物资免征关税：① 外国投资者作为出资的机器设备、零部件、建设用建筑材料以及安装、加固机器所需材料；② 外资企业以投资总额内的资金进口本企业生产所需的自用机器设备、零部件、生产用交通运输工具以及生产管理设备；③ 外资企业为生产出口产品而进口的原材料、辅料、元器件、零部件和包装材料。但上述进口物质，经批准在中国境内转卖或转用于生产在中国境内销售的产品，应依照中国税法的规定纳税或补税。外资企业生产的出口产品，除中国限制出口的以外，依照中国税法的规定免征关税。

3. 雇用中国职工和建立工会组织方面的规定

外资企业在中国境内雇用职工，双方应依照中国的法律、法规，就雇用、辞退、报酬、福利、劳动保护和保险等事项签订劳动合同。外资企业不得雇用童工。外资企业的职工有权依照《中华人民共和国工会法》的规定建立基层工会组织，开展工会活动。外贸企业工会可进行职工利益的调拨，有权代表职工与本企业签订集体劳动合同，并监督其执行。

### 2.6.4 外资企业的经营期限、终止和清算

1. 外资企业的经营期限

对于外资企业的经营期限，既不做无限期经营的规定，也不做具体规定统一的经营期限。《外资企业法》规定："外资企业的经营期限由外国投资者申报，由审查批准机关批准。期满需要延长的，应当在期满 180 日以前向审查批准机关提出申请。审查批准机关应当在接到申请之日起的 30 日内决定批准或者不批准。"

2. 外资企业的终止

外资企业有下列情形之一的应予终止：

（1）经营期限届满。

（2）经营不善，严重亏损，外国投资者决定解散。

（3）因自然灾害、战争等不可抗力遭受损失，无法继续经营。

（4）破产。

（5）违反中国法律、法规，危害社会公共利益被依法撤销。

（6）外资企业章程规定的其他解散事宜已经出现。

3. 外资企业的清算

外资企业的终止，应当及时公告和依法进行清算。其中属于上述（1）～（3）、（6）项所列情形而终止的，应当在终止之日起15日内对外公告并通知债权人，并在终止公告发出之日起15日内，提出清算程序、原则和清算委员会人选，报审批机关审核后进行清算。

外资企业清算结束前，外国投资者不得将该企业的资金汇出或者携带出中国境外，不得自行处理企业财产。清算终了，外资企业的清算净收益即清算所得，依法缴纳所得税。缴纳所得税后的剩余财产，按照外资企业章程的规定进行分配。外资企业清算结束，应当向工商行政管理机关办理注册登记手续，缴销营业执照。

外资企业如果是由于破产而终止的，应参照中国有关法律进行清算，如果是由于违反中国法律、法规，危害社会公共利益被依法撤销而终止的，依照中国有关规定进行清算。

综上所述，表2-1所示为本章三种外商投资企业的比较。

**表2-1 三种外商投资企业的比较**

| | 中外合资经营企业 | 中外合作经营企业 | 外商独资企业 |
|---|---|---|---|
| 出资方式 | 现金、实物、工业产权、专有技术、场地使用权 | 现金、实物、土地使用权、工业产权、专业技术、其他财产 | 现金、实物、工业产权、专有技术等 |
| 出资比例 | 在注册资本中，外国合营者的投资比例一般不低于25% | 各方出资不必计算股权，可以不受股权比例的限制 | 全部资本来源于外商投资 |
| 审批机构 | 国务院对外经济贸易主管部门和受委托机关 | 国务院对外经济贸易主管部门和国务院授权部门或地方政府 | 国务院对外经济贸易主管部门或国务院授权的机关 |
| 审批期限 | 自接到申请者提交的全部文件之日起三个月内决定批准与否 | 自接到申请之日起45日内决定批准与否 | 自接到申请之日起90日内决定批准与否 |
| 法律组织形式 | 有限责任公司 | （1）法人型企业<br>（2）合伙型企业 | 有限责任公司 |
| 是否具备中国法人资格 | 是中国法人 | 符合中国法律关于法人条件规定的，依法取得中国法人资格 | 符合中国法律关于法人条件规定的，依法取得中国法人资格 |
| 组织机构 | 董事长 | 董事会或联合管理机构 | 股东会或董事会 |
| 清算组织 | 清算委员会 | 无具体规定 | 清算委员会 |
| 清算组织的构成 | 一般应在合营企业的董事中选任，也可聘请在中国的注册会计师、律师担任 | 无具体规定 | 由外资企业法定代表人、债权人代表以及有关主管机关的代表组成，并聘请中国的注册会计师、律师参加 |

**本章实训**

学习企业法，理解出现经济纠纷应如何处理，应怎样运用法律武器保护自己的权益。

## 一、实训目标

能应用个人独资企业法的原理、合伙企业法设立个人独资企业和合伙企业，能处理企业在经营过程中涉及的法律问题。

## 二、实训步骤

（1）针对基础理论学习内容，由教师提出问题：如何设立个人独资企业和合伙企业？

（2）学生分组对收集的案例实例进行分析讨论。

（3）案例分析题。

① 金某出资成立个人独资企业甲，为了吸引更多的合作伙伴，获得更高的信誉，在设立登记时明确以其家庭共有财产的 20 万元作为出资。在后来的经营中，欠下了 50 万元债务，甲企业无力偿还，债权人提出变卖金某的住宅，但金某却坚持该房屋的产权人是其爱人的名字，属于家庭共有财产，与企业债务无关。请分析：金某的房屋是否应该作为其开设个人独资企业债务偿债的财产？

② 某个人独资企业 A，由甲独资出资设立，从事服装批发业务。经营过程中，甲委托乙对企业进行经营管理，并签订了委托经营管理协议，但是为了加强对企业的控制，在委托经营协议中约定，凡从事标的额为 10 万元以上的业务，必须经过甲的批准。其后，乙在经营过程中与丙谈妥一单生意，标的额为 14 万元。乙向甲请示，但甲不在国内，无法取得联系。为了促成该笔生意，乙便与丙签订了合同，但是没有讲明自己不具有签订 14 万元价值合同的事情。请分析：此合同是否对 A 企业发生效力？

③ 甲、乙两人开办一家合伙企业，甲投资 10 万元，乙投资 5 万元，在经营中因欠丙 60 万元货款发生纠纷起诉到法院。由于乙无力偿还，法院判决由甲偿还丙货款 60 万元。甲认为法院判决不当，甲应承担 40 万元，乙应承担 20 万元。请分析：法院的判决对吗？为什么？

④ 李某、王某、张某三人达成协议，成立一个经营体育器材的合伙企业。三人认为彼此关系很亲密，因而只在口头上达成协议，没有订立书面协议。三人中李某是某法院的法官，只能利用节假日经营事务，因而协议中，其分得的利润最少。三人将合伙企业名称定为“英格曼体育器材有限责任公司”。请分析：指出以上三人设立合伙企业时不合法律规定之处。

（4）学生对讨论的情况进行分析汇报。

（5）教师进行课堂总结。

## 三、实训注意事项

（1）教师要引导学生针对案例和实例进行积极的讨论。

（2）引用典型案例，培养和提高学生的学习兴趣和实际分析、处理问题的应用能力。

（3）学生组长要切实负责，使讨论形成气氛，取得效果。

## 思考与练习

### 一、填空题

1. 个人独资企业，是指依法在________设立，由________投资，财产为________所有，投资人以________对企业债务承担无限责任的经济实体。

2. 合伙人可以用________、________、________、________或者其他财产权利出资，也可以用________出资。

3. 合伙人死亡或者被依法宣告死亡的，对该合伙人在合伙企业中的财产份额享有合法继承权的继承人，________或者________，从继承开始之日起，取得该合伙企业的合伙人资格。

4. 全民所有制工业企业即国有工业企业，是指以________为基础的，从事________经营活动的，依法________、________、________的商品生产和经营单位。

5. 根据《企业法》和《条例》的规定，企业对社会的义务包括：①________；②________；③________。

6. 中外合资经营企业是股权式合营企业，中外合营者认缴合营企业注册资本，按________分享利润、分担风险及亏损。

7. 中外合作经营企业的管理形式有三种：①________；②________；③________。

8. 国家鼓励举办两类外资企业：①________；②________。

### 二、单项选择题

1. 个人独资企业是由（　　）投资的企业。

A. 一个自然人　　B. 一个国家机关

C. 一个外国人　　D. 一个国家授权投资的机构

2. 个人独资企业成立后无正当理由超过（　　）未开业的，或者开业后自行停止连续（　　）以上的，吊销营业执照。

A. 6个月、6个月　　B. 12个月、12个月

C. 6个月、12个月　　D. 12个月、6个月

3. 根据我国有关法律、法规，个人独资企业的名称中不得使用（　　）。

A. 中心　　B. 店　　C. 工作室　　D. 有限

4. 根据《合伙企业法》规定，合伙人有下列（　　）情形的，为当然退伙。

A. 合伙协议约定退伙的事由出现　　B. 未履行出资义务

C．执行合伙事务时有不当行为　　D．个人丧失偿债能力

5．合伙人应当具有（　　）。

A．民事行为能力　　B．完全民事行为能力

C．限制民事行为能力　　D．无民事行为能力

6. 某合伙企业办理设立登记，向企业登记机关提交了以下文件，其中不是《合伙企业法》规定必须提交的文件是（　　）。

A．登记申请书　　B．合伙协议书

C．合伙人的身份证明　　D．合伙人的财产状况证明

7．全民所有制工业企业依照法律以（　　）承担法律责任。

A．国家授予其经营管理的财产　　B．个人财产

C．家庭财产　　D．国家财产

8．全民所有制企业的工资调整方案和奖金分配方案，应当提请（　　）审查同意。

A．职工代表大会　B．上级主管部门　C．监事会　D．稽查特派员

9．（　　）全民所有制企业民主管理的基本形式，是职工行使民主管理权力的机构。

A．工会委员会　B．监事会　C．管理委员会　D．职工代表大会

10．外国投资者的下列出资方式中，不符合中外合资经营企业法律制度有关规定的是（　　）。

A．以机器设备出资　　B．以工业产权出资

C．以已作质物的专利权出资　　D．以外币出资

11．（　　）的股权 完全属于外国投资者。

A．中外合资经营企业　　B．中外合作经营企业

C．外资企业　　D．中外合资股份有限责任公司

12．合营企业的注册资本是指合营企业在工商行政管理机关登记注册的资本，应为（　　）。

A．50万元人民币　　B．30万元人民币

C．合营各方认缴出资额的总和　　D．基本建设基金和生产流动资金的总和

13．（　　）是合营企业的最高权力机构。

A．股东会　B．股东大会　C．监事会　D．董事会

14．合作企业的审批机关在收到规定的全部文件之日起，（　　）内决定批准或不批准。

A．1个月　B．3个月　C．45日　D．90日

15．以生产经营为主的中外合资经营企业的注册资本最低限额为（　　）万元人民币。

A．10　B．50　C．100　D．1000

16．根据《中外合资经营企业法》的规定，外国合营者的投资额一般不得低于合营企

业合营企业注册资本的比例是（　　）。

A．15%　　B．20%　　C．25%　　D．50%

17．中外合资经营企业的法定组织形式是（　　）。

A．股份有限公司　B．有限责任公司　C．无限公司　D．两合公司

18．合营企业的合营期限，一般项目原则上是10年至30年，经（　　）特别批准，可以在50年以上。

A．国务院　B．全国人大　C．商务部　D．国家计委

## 三、判断题

1．个人独资企业解散只能由投资人自行清算。（　　）

2．投资人对受托人或者被聘用的人员职权限制不得对抗善意第三人。（　　）

3．个人独资企业招用职工不必签订劳动合同。（　　）

4．合伙企业申请营业执照日期为合伙企业成立日期。（　　）

5．合伙人之间转让在合伙企业中的全部或者部分财产份额时，可以不通知其他合伙人。（　　）

6．新合伙人对入伙前合伙企业的债务承担无限连带责任。（　　）

7．全民所有制企业的工会委员会是职工代表大会的工作机构。（　　）

8．在合营企业的注册资本中，外国合营者的投资比例一般不低于35%。合营企业的注册资本，应当与生产经营规模、范围相适应。（　　）

9．外资企业的组织形式只能为有限责任公司。（　　）

## 四、名词解释

1．个人独资企业　2．合伙企业　3．中外合资经营企业法

4．中外合作经营企业　5．外资企业

## 五、简答题

1．设立个人独资企业应当具备哪些条件？

2．简述个人独资企业投资人的条件、权利和责任。

3．简述我国《合伙企业法》规定的合伙企业类型。

4．全民所有制企业享有哪些经营权？

5．简述合营企业与合作企业的区别。

6．简述合作企业的组织形式和管理形式。

7．关于合营企业的注册资本有哪些限制性的规定？

8．简述外资企业的组织形式、注册资本与出资方式。

## 六、案例分析题

1．甲乙丙三人属于一个合伙企业中的合伙人。他们在合伙协议中约定，盈利分配及

亏损负担的比例均以出资份额比例为准，即甲承担 40%，乙和丙各承担 30%。该合伙企业欠某企业债务为 5 万元，而企业所有财产只有 3 万元，由于不足清偿，甲又拿出 11000 元，乙拿出 9000 元用于清偿。

请分析：

（1）甲和乙可否向丙追偿？

（2）若请求追偿，甲和乙可向丙追偿多少？

2. 甲、乙、丙三人协商举办一合伙企业从事商品买卖。三方口头约定了有关的合伙事项。甲在合伙前欠王某 5 万元未还，而王某又欠合伙企业债务 5 万元。王某主张以其对甲的债权抵消他对合伙企业的债务。乙在卖货途中违章驾车，使行人张某受伤，发生医药费 1 万元，甲与丙认为，车祸是由乙个人过错造成的，损失与合伙企业无关。一个月后，丙提出退伙，并私自拿走了其作为出资的设备。张某伤愈后要丙支付医药费被拒绝。请分析本案中的违法之处并说明理由。

3. 某外商拟在中国设立一家中外合资经营企业、一家中外合作经营企业和一家外资企业，在其与一国内企业起草的设立合资企业的章程中标明的内容有：（1）该企业投资总额 1000 万美元，注册资本 350 万美元；（2）该企业董事会由 9 人组成，董事任期 5 年，可以连任，董事会会议应有 5 人以上出席方能举行；（3）该企业自设财务管理机构，不受当地财政税务机关管理，仅向外方所在国报送财务报表；（4）该企业营业期限 30 年；（5）合营各方不得转让出资额。

在其与另一国有企业签订的合作企业合同中有以下约定：（1）该企业设立联合管理机构和董事会管理机构；（2）利润按各方出资比例进行净利润分成和产品分成；（3）合作期限 10 年，合作期限届满后，全部固定资产归中方所有。外方可以在 3 年内自行回收投资，用加速资产折旧的方式回收投资，头 3 年的固定资产折旧费全部提归外方。外方企业无论是盈利还是亏损，皆可先行回收投资，先行回收投资后，中方在以后的经营中所负债务自行负责。

其拟申请设立的外资企业是产品出口企业，在可行性研究报告中表明，当年全部产值将达 1500 万美元，其中出口所得为 500 万美元。该企业拟通过设立外资企业所在地的县级人民政府提交报告，再由县政府报审批机关批准。请分析：该外商在中国设立的这三家中外合资经营企业、中外合作经营企业和外资企业是否合法？为什么？

# 第3章

# 公 司 法

## 学习目标

（1）了解公司的概念、特征、分类，熟悉有限责任公司和股份有限公司的概念、特征、作用等。

（2）掌握有限责任公司和股份有限公司的设立条件和程序、组织机构的性质、组成、职权和议事规则。

（3）掌握股票和股份、公司债券的概念及区别，了解股票和公司债券的发行条件和程序。

（4）掌握公司的财务会计要求及公司利润分配原则，掌握公司合并的形式、公司注册资本减少的程序。

（5）了解公司的分立形式、程序、公司破产、解散、清算、外国公司的分支机构及法律形式。

## 任务描述

掌握公司法的基本概念、基本原理，并能够运用所学知识分析和解决现实经济生活中的实际问题。既掌握公司法的有关理论，同时也注重学生分析问题和解决问题的能力。

## 导入案例

国有企业火炬化工厂与另外一国有企业火星化工原料厂决定共同作为发起股份有限公司。股份有限公司章程规定公司注册资本为人民币 5000 万元。

火炬化工厂以厂房、机器设备和土地使用权出资，评估作价 400 万元；火星化工原料厂以原料及厂房出资，经评估作价 200 万元；另外，火炬化工厂还以本厂的商标及专利技术出资，经评估作价 1100 万元，该专利技术并非高新技术。公司将以募集方式设立，除了发起人按规定认购的股份以外，其余股份准备向社会公开募集。

## 案例思考

（1）发起人是否符合法定人数？

（2）公司注册资本是否符合法定最低限额？

（3）发起人的出资是否符合法律规定？

（4）股份的公开募集是否符合公司法的规定？

了解公司法在我国社会主义市场经济体制下对国计民生和社会生活的重要作用及其学习公司法的必要性。

# 3.1 公司法概述

**知识链接**

公司是依照法定程序设立，以盈利为目的，股东以其出资额为限对公司负责，公司以其全部财产对外承担民事责任的具备法人资格的经济组织。

## 3.1.1 公司的特征

（1）公司是按照公司法设立的社会经济组织，具有合法性。

（2）公司是以盈利为目的的经济组织，具有营利性。

（3）公司是具备法人资格的经济组织，具有法人性。

（4）公司是社团法人，具有社团性。

## 3.1.2 公司的分类

（1）根据公司股东责任的不同，可以分为无限公司、两合公司、有限责任公司和股份有限公司四种。

（2）根据公司之间的股权控股关系，可以分为母公司和子公司。

（3）根据公司内部的管辖关系，可以分为总公司和分公司。

（4）按公司的注册国籍，可分为本国公司、外国公司和跨国公司。

**知识链接**

我国公司法第 2 条规定："本法所称公司是指依照本法在中国境内设立的有限责任公司和股份有限公司。"

## 3.1.3 公司法的概念

公司法是规定公司的设立、组织与活动的法。

### 3.1.4 公司法的特征

1. 公司法是组织法

公司法所规定的内容，主要是有关公司的法律地位和资格、设立公司必须具备什么条件、公司应如何制定章程、如何设置机构等组织公司的问题。因此公司法首先是一种组织法。

2. 公司法是行为法

公司的一个基本特征在于营利性。因此，公司组织成立后，就要开展生产经营活动，就要直接参加商品流通，如发行股票、债券等。调整公司特有的活动也属于公司法的范畴。

3. 公司法中的强制性规范较多

公司是现代企业制度的主要形式，其组织与活动对社会经济秩序影响很大，需要国家加强对公司的干预，因此公司法中有大量的强制性规范，而且有日益增多的趋势。

**知识链接**

我国现行的公司法是1993年12月29日第八届全国人大第五次会议通过的《中华人民共和国公司法》，该法分为11章，共230条，自1994年7月1日起施行。在加入世界贸易组织织后，我国于2005年修改了公司法。

## 3.2 有限责任公司的设立和组织机构

**知识链接**

有限责任公司又称有限公司，是指依照公司法的有关规定设立的，股东以其出资额为限对公司承担责任，公司以其全部资产对公司的债务承担责任。



### 3.2.1 有限责任公司的特征

（1）有限责任公司的股东均负有限责任。

（2）有限责任公司的资本不分为等额股份，证明股东出资份额的权利证书称为出资证明书，而不是股票。

（3）有限责任公司的股东的最高人数为50人，其他公司没有最高人数的限制。

（4）有限责任公司的设立程序比股份有限公司的设立程序简单。

## 3.2.2 有限责任公司的设立条件

1. 股东符合法定人数

除国家授权和投资的机构或国家授权的部门可以单独投资设立国有独资的有限责任公司以外，其他有限责任公司必须由 2 个以上 50 个以下的股东共同出资设立。

2. 股东出资达到法定资本最低限额

其中以生产经营为主和商品批发为主的公司，人民币 50 万元，以商业零售为主的公司，人民币 30 万元，科技开发、咨询、服务性公司，人民币 10 万元。

公司的注册资本来源于股东的出资。注册资本应当为股东实缴的出资额。股东的出资方式可以是货币、实物、工业产权和非专利技术、土地使用权，其中工业产权和非专利技术作价出资的金额不得超过注册资本的 20%，国家对采用高新技术成果有特别规定的除外。

3. 股东共同制定公司章程

公司章程是关于公司组织及其活动的基本规章，应由股东共同制定，并由全体股东在公司章程上签名、盖章。

公司章程应当载明下列事项：① 公司名称和住所；② 公司经营范围；③ 公司注册资本；④ 股东的姓名或名称；⑤ 股东的权利和义务；⑥ 股东的出资方式和出资额；⑦ 股东转让出资的条件；⑧ 公司的机构及其产生办法、职权、议事规则；⑨ 公司的法定代表人；⑩公司的解散事由与清算办法；⑪ 股东认为需要规定的其他事项。

4. 有公司名称，建立符合有限责任公司要求的组织机构

公司的名称中必须有“有限公司”或“有限责任公司”的字样。公司应建立公司法规定设立的机构，即股东会、董事会或执行董事、监事会或监事。

5. 有固定的生产经营场所和必要的生产经营条件

生产经营场所可以是公司的所在地，也可以是其他经营地。生产经营条件是指与公司经营范围相适应的条件，如厂房、货物场地、商店柜台等。生产经营场所和生产经营条件是公司从事经营活动的物质基础，是设立公司的起码要求。

## 3.2.3 有限责任公司的设立程序

（1）确定公司股东。设立公司时，首先应确定符合法律规定人数的股东。

（2）订立公司章程。由股东在协商一致的基础上，将要设立的公司的基本情况都通过章程反映出来。

（3）设立审批。一般的有限责任公司的设立无须审批。但法律、行政法规规定必须经有关部门审批的，应当在公司登记前办理审批手续。

（4）缴纳出资。公司的资本总额为全体股东实际认缴出资的总和，应由股东一次缴清，经由国家核准登记的注册会计师验证，并出具证明。

（5）设立登记。股东缴纳出资后，由全体股东指定的代表或者共同委托的代理人，向公司登记机关申请设立登记，提交公司登记申请书、公司章程、验资证明等文件。公司经核准登记，领取《企业法人营业执照》后，即取得法人资格，可以开始营业，并由公司向股东签发出资证明书。

### 3.2.4 有限责任公司的组织机构

1. 有限责任公司的股东会

（1）有限责任公司的股东。股东是公司的出资人。在有限责任公司中只要缴足股本，即可成为股东，股东是在公司成立之前就产生的。而在股份有限公司中，发起人在公司成立前不能作为股东。

在我国，除国家有某些特别限制的规定外，有权代表国家投资的政府部门或机构、企业法人、具有法人资格的事业单位和社会团体、自然人，均可以按照规定成为有限责任公司的股东。

公司股东按其出资额享有所有者的资产受益、重大决策和选择管理者三项权益。具体包括：① 参加股东会并根据出资份额享有表决权；② 了解公司经营状况和财务状况；③ 选举和被选举为董事会成员、监事会成员；④ 依法获取股利、转让出资；⑤ 优先购买其他股东转让的出资；⑥ 优先认购公司新增的注册资本；⑦ 公司终止后，依法分得公司的剩余财产；⑧ 公司章程规定的其他权利。

股东依法享有权利的同时，也应承担相应的义务：① 足额缴纳所认缴的出资；② 依其所缴的出资额承担公司债务；③ 公司办理工商登记手续后，不得抽回出资；④ 公司章程规定的其他义务。

（2）股东会的性质和职权。

股东会是由全体股东组成的最高权力机构，有限责任公司的一切重大事务须由股东会作出决定。

股东会依法行使下列职权：① 决定公司的经营方针和投资计划；② 选举和更换董事，决定有关董事的报酬事项；③ 选举和更换由股东代表出任的监事，决定有关监事的报酬事项；④ 审议批准董事会的报告；⑤ 审议批准监事会或监事的报告；⑥ 审议批准公司的年度财务预算方案、决算方案；⑦ 审议批准公司的利润分配方案和弥补亏损方案；⑧ 对公司增加或减少注册资本作出决议；⑨ 对发行公司债券作出决议；⑩ 对股东向股东以外的人转让出资作出决议；⑪ 对公司合并、分立、变更公司形式、解散和清算事项作出决议；⑫ 修改公司章程。

（3）股东会的召集及议事规则。

股东会的召集、议事及表决须按公司法规定的程序进行。

股东会分为定期会议和临时会议。定期会议按公司章程规定的时间每年召开一次，其主要任务是通过董事会制作会计报表。临时会议于通过临时会议决议时召开。代表 1/4 以上表决权的股东，1/3 以上董事或者监事，可以提议召开临时会议。

首次股东会由出资最多的股东召集，以后会议由董事会召集。召开董事会应于会议召开 15 日以前通知股东。

出席会议的股东按出资比例行使表决权。一般决议表决，由公司章程规定。但增减注册资本、公司分立与合并、解散、变更或修改公司章程的决议，必须经代表 2/3 以上表决权的股东通过。

2. 有限责任公司的董事会和经理

（1）有限责任公司的董事会。董事会是公司的业务决策机构和执行机构，由 3 ～ 13 人组成。董事会设董事长 1 人，副董事长 1 ～ 2 人，董事长为公司的法定代表人。股东人数较少和规模较小的，可以设 1 名执行董事，不设董事会。

董事会对股东会负责，行使下列职权：① 负责召集股东会，并向股东会报告工作；② 执行股东会的决议；③ 决定公司的经营计划和投资方案；④ 制订公司的年度财务预算方案、决算方案；⑤ 制订公司的利润分配方案和弥补亏损方案；⑥ 制订公司增加或减少注册资本的方案；⑦ 拟订公司合并、分立、变更公司形式、解散的方案；⑧ 决定公司内部管理机构的设置；⑨ 聘任或者解聘公司经理（总经理），根据经理的提名，聘任或者解聘公司副经理、财务负责人，决定其报酬事项；⑩ 制定公司的基本管理制度。

董事会会议由董事长召集和主持；董事长因特殊原因不能履行职务时，由董事长指定副董事长或其他董事召集和主持。1/3 以上的董事可以提议召开董事会会议。董事会的议事方式和表决程序，除公司法有规定以外，由公司章程规定。

（2）有限责任公司的经理。有限责任公司设经理，由董事会聘任或解聘。经理对董事会负责，行使下列职权：① 主持公司的生产经营管理工作，组织实施董事会决议；② 组织实施公司年度经营计划和投资方案；③ 拟订公司内部管理机构设置方案；④ 拟订公司的基本管理制度；⑤ 制定公司的具体规章；⑥ 提请聘任或者解聘公司副经理、财务负责人；⑦ 聘任或者解聘除应由董事会聘任或者解聘以外的负责管理人员；⑧ 公司章程和董事会授予的其他职权。

### 3. 有限责任公司的监事会

监事会是对执行机构的业务活动进行监督的内部机构。公司经营规模较大的，设立监事会，成员不少于 3 人，由股东代表和适当比例的公司职工代表组成。公司股东人数较少和经营规模较小的，可以设 1 ～ 2 名监事。董事、经理及财务负责人不得兼任监事。

监事会行使下列职权：① 检查公司财务；② 对董事、经理执行公司职务时违反法律、法规或者公司章程的行为进行监督；③ 当董事和经理的行为损害公司的利益时，要求董事和经理予以纠正；④ 提议召开临时股东会；⑤ 公司章程规定的其他职权。

**案例 3-1**

美嘉有限责任公司是一家经营食品批发的企业，注册资本 100 万元。近年来由于市场不景气，公司资本总额与其实有资产相差悬殊，2010 年 8 月，美嘉有限责任公司决定减少注册资本。9 月，股东会以代表 1/2 以上表决权的股东通过决议，将公司注册资本减至人民币 40 万元；公司自作出减少注册资本决议之日就向公司登记机关办理变更登记。

请分析：依据公司法，美嘉有限责任公司在减少注册资本的过程中存在哪些问题？

**案例分析**

（1）美嘉有限责任公司的减资决议仅有代表 1/2 以上表决权的股东通过，决议程序不合法。依公司法规定，股东会对公司增减资本作出决议，必须经代表 2/3 以上表决权的股东通过。

（2）美嘉有限责任公司减资后的注册资本为 40 万元，不符合公司法规定。依据公司法，公司减少资本后的注册资本不得低于法定的资本最低限额，美嘉有限责任公司系从事商品批发的有限责任公司，其注册资本最低限额为 50 万元。

（3）美嘉有限责任公司在作出减资决议后立即申请变更登记不符合公司法规定。依据公司法，美嘉有限责任公司在作出减资决议后应履行通知、公告债权人程序。

课堂随笔

## 3.3 股份有限公司的设立和组织机构

知识链接

股份有限公司，也称为股份公司，是指由数量较多的股东所组成，其全部资本分为等额股份，股东以其所持股份为限对公司承担责任，公司以其全部资产对公司的债务承担责任。

### 3.3.1 股份有限公司的特征

（1）股份有限公司是典型的合资公司，其信用基础是公司的资本，而不取决于股东个人。

（2）股份有限公司的股东有法定最低人数限制，但没有最高人数限制。

（3）股份有限公司的资本划分为均等的股份。

（4）股份有限公司设立和运行中可以公开募股集资。

（5）股份有限公司股东承担有限责任。

（6）股份有限公司股东权益转让灵活。

### 3.3.2 股份有限公司的设立

1. 股份有限公司的设立方式

股份有限公司的设立方式分为发起设立和募集设立两种。

（1）发起设立是由公司发起人自己认购公司应发行的全部股份而设立公司。

（2）募集设立，也称渐次设立，是由发起人认购不少于公司拟发行股本总额的35%的股份，其余部分向社会公开募集而设立公司。

2. 股份有限公司的设立条件

（1）发起人符合法定人数。

发起人是指依法办理筹建事务的人，可以是自然人，也可以是法人。设立股份有限公司时，发起人应当为5人以上，其中须有过半数的发起人在中国境内有住所，国有企业改组为股份有限公司的，发起人可以少于5人，但应当采用募集设立的方式。

发起人还应承担下列责任：①公司不能成立时，对设立行为所产生的债务和费用负连带责任；②公司不能成立时；对认股人已缴纳的股款，负返还股款并加算银行同期存款利息的连带责任；③在公司设立过程中，由于发起人的过失致使公司利益受到损害的，应当对公司承担赔偿责任。

（2）发起人认缴和社会公开募集的股本达到法定资本最低限额。

公司的注册资本为在公司登记机关登记的实收股本总额，也就是说，我国采用的是法定资本制。其最低限额为人民币1000万元，最低限额需要高于上述标准的，由法律、行政法规另行规定。

（3）股份的发行、筹办事项符合法律规定。

（4）发起人制定公司章程，并经创立大会通过。

公司章程是关于公司组织及活动的基本准则，是公司内部自治自律的公约。

公司章程应载明下列事项：① 公司名称和住所；② 公司经营范围；③ 公司设立方式；④ 公司股份总数、每股金额和注册资本；⑤ 发起人的姓名或者名称、认购的股份数；⑥ 股东的权利和义务；⑦ 董事会的组成、职权、任期和议事规则；⑧ 公司法定代表人；⑨ 监事会的组成、职权、任期和议事规则；⑩公司利润分配办法；⑪ 公司的解散事由与清算办法；⑫ 公司的通知和公告办法；⑬ 股东大会认为需要规定的其他事项。

（5）有公司名称，建立符合股份有限公司要求的组织机构。



（6）有固定的生产经营场所和必要的生产经营条件。

3. 股份有限公司的设立程序

（1）确定发起人。

（2）订立公司章程和其他文件。

（3）与证券经营机构签订承销协议，与银行签订代收股款协议。

（4）申请设立审批。

（5）申请募股审批。

（6）缴纳股款和现物出资。

（7）向社会公开募集股份。

（8）召开公司创立大会。

（9）进行设立登记。

### 3.3.3 股份有限公司的组织机构

1. 股份有限公司的股东大会

（1）股份有限公司股东大会的职权。

股东大会是股份有限公司的权力机构，由全体股东组成。股份有限公司股东大会的职权基本同于有限责任公司。只是有两点差别：① 股份有限公司股东可以自由转让出资，所以股东大会职权中没有对股东转让出资的限制；② 股份有限公司不再变换公司形式，所以股东大会职权中没有关于对变更形式作出决议的规定。

（2）股份有限公司股东大会的召开。

股东大会的形式分为年会和临时会。股份有限公司股东大会的形式分为年会和临时会。年会即每年按时召开一次。

临时会是不定期股东大会。公司法规定，有下列情形之一的，应当在两个月内召开临时股东大会：① 董事人数不足本法规定的人数或公司章程所定人数的 2/3 时；② 公司未弥补的亏损达股本总额的 1/3 时；③ 持有公司股份 10% 以上的股东请求时；④ 董事会认为必要时；⑤ 监事会提议召开时。

股东大会由董事会召集，董事长主持。董事长因特殊原因不能履行职务时，由董事长指定副董事长或其他董事主持。股东大会召开 30 天之前，应将会议要审议的事项通知记名股票的股东。临时股东大会不得对通知中未列明的事项作决议。发行无记名股票的，应当于会议召开 45 天以前将会议要审议的事项作出公告。无记名股票持有人出席股东大会的，应于会议召开 5 天以前至股东大会闭会时止，将股票交存于公司。

股东大会的决议，是通过股东行使表决权作出的。股东表决权的行使实行现行一股一票表决权的原则。股东大会作出一般决议，必须经出席会议的股东所持表决权半数以上通过。但对公司合并、分立或者解散以及修改公司章程的特别决议，必须经出席会议的股东所持表决权的 2/3 以上通过。股东大会对所议事项的决议应当作成会议记录，由出席会议的董事签名。会议记录应当与出席会议的股东的签名册及代理出席的委托书一并保存，供股东查阅。

2. 股份有限公司的董事会和经理

（1）股份有限公司的董事会。

董事会是股份有限公司的执行机构，应对股东大会负责。董事会由 5 ～ 19 人组成，设董事长 1 人，可以设副董事长 1 ～ 2 人，董事长和副董事长由董事会以全体董事的过半数选举产生。

董事长为公司的法定代表人。其职权有：① 主持股东大会和召集、主持董事会会议；② 检查董事会决议的实施情况；③ 签署公司股票、公司债券；④ 受董事会的委托，在董事会闭会期间，行使董事会的部分职权。

股份有限公司董事会的职权与有限责任公司的职权相比，多一项制订发行公司债券方案的职权，少一项拟订变更公司形式的职权。

董事会每年度至少召开两次会议，由董事长指定副董事长召集主持。董事会的每次会议应于会议召开 10 天以前通知全体董事。每次会议，应有 1/2 以上的董事出席方可举行。董事会决议必须经全体董事的过半数通过。

董事应对董事会的决议承担责任。董事会决议违反法律、行政法规或公司章程，致使公司遭受严重损失时，参与决议的董事对公司负赔偿责任。但经证明在表决时曾表明异议并记载于会议记录的，该董事可以免除责任。

（2）股份有限公司的经理。

股份有限公司的经理的聘任、解聘、职权基本同于有限责任公司的相关规定。

3. 股份有限公司的监事会

股份有限公司监事会的组成和职权同于有限责任公司的相关规定。

## 3.4 股份有限公司的股份发行和转让

**知识链接**

股份是以股票为表现形式的公司资本的最基本单位，是股东权利义务的计算单位。

股票是指由公司签发的，证明股东所持股份的凭证。股票采用纸面形式或者国务院证券管理部门规定的其他形式。

股票应载明下列事项：① 公司名称；② 公司登记成立的日期；③ 股票种类、票面金额及代表的股份数；④ 股票的编号。股票由董事长签名，公司盖章。

以是否公示股份所有人的姓名或名称为标准，可以将股票分为记名股票与无记名股票。公司向发起人、国家授权投资的机构、法人发行的股票，应当为记名股票。对社会公众发行的股票，可以为记名股票，也可以为无记名股票。

### 3.4.1 股票的发行

股票的发行必须实行“公开、公平、公正”的原则，坚持同股同权，同股同利。同次发行的股票，每股的发行条件和价格应当相同。

股票发行价格可以按票面金额，也可以超过票面余额，但不得低于票面金额，超过票面金额发行股票的，须经国务院证券管理部门批准，其所得溢价款列入公司资本公积金。

股票发行条件因初次发行与再次发行而有所不同。初次发行即设立发行，应符合以下条件：① 其生产经营符合国家的产业政策；② 其发行普通股只限于一种，且采取同股同权原则；③ 发起人认购的股本数额不得少于公司拟发行股本总额的 35%；④ 在公司发行的股本总额中，发起人认购的部分不少于人民币 3000 万元，国家另有规定的除外；⑤ 拟向公众发行的股本总额不少于 25%，其中公司职工认购的股本数额不得超过拟向社会公众发行的股本总额的 10%，公司股本超过人民币 4 亿元的，证监会按照规定可以酌情降低向社会公众发行的部分比例，最低不少于公司发行股本总额的 10%；⑥ 发起人在近 3 年内没有重大违法行为；⑦证券法规定的其他条件。

如果是原有企业改组设立股份有限公司申请公开发行股票的，除须符合上述条件外，还应同时具备以下条件：① 发行前一年末，净资产在总资产中所占比例不低于 30%，无形资产在资产中所占比例不得高于 20%（国家证券委另有规定的除外）；② 近 3 年连续盈利。

股票的再次发行即新股发行，必须具备以下条件：① 前一次发行的股份已募足并间隔 1 年以上；② 公司近 3 年来连续盈利，并可向股东支付股利；③ 公司在最近 3 年内财务会计文件无虚假的记录；④ 公司预期利润率可达银行同期存款利率。

公司股东大会在发行新股前，还应对以下事项做出决议：① 新股的种类及数额；② 发行价格；③ 发行的起止日期；④ 向原有股东发行新股的种类和数额。决议通过后，由董事会向国务院授权部门或省级人民政府申请批准。如果向社会公开募集，须经国务院证券管理部门批准。经批准后，公司公告新股招股说明书和财务会计报表及附属明细表，制作认股书，并由证券经营机构承销。股款募足后，必须向登记机关办理变更登记，并公告。

### 3.4.2 股份的转让

股东持有的股份可以依法转让，但必须在依法设立的证券交易场所进行。

记名股票，由股东以背书方式或法律、行政法规规定的其他方式转让。

无记名股票的转让，由股东在依法设立的证券交易场所将该股票交付给受让人后即发生效力。

我国公司法规定了股份转让的限制。①发起人持有的本公司股份，自公司成立之日起 3 年内不得转让；②公司董事、监事、经理应当向公司申报所持有的本公司的股份，并在任职期间内不得转让；③国家授权投资的机构可以依法转让其持有的股份，也可以购买其他股东持有的股份。转让或购买股份的审批权限、管理办法，由法律、行政法规另行规定；④公司不得收购本公司的股票，但为减少公司资本而注销股份或与持有本公司股票的其他公司合并时除外。公司收购的股票须在 10 日内注销。

记名股票被盗、遗失或灭失，股东可以依照《民事诉讼法》规定的公示催告程序，请求人民法院宣告该股票失效，法院宣告该股票失效后，股东可向公司申请补发股票。

知识链接

上市公司是指所发行的股票经国务院或者国务院授权证券管理部门批准，在证券交易所上市交易的股份有限公司。

# 3.5 公司债券

知识链接

公司债券是指股份有限公司、国有独资公司和两个以上的国有企业或者其他两个以上的国有投资主体设立的有限责任公司，依法定程序发行，约定在一定期限内还本付息的有价证券。

## 3.5.1 公司债券的发行

发行公司债券必须符合以下条件：

（1）股份有限公司的净资产额不低于人民币 3000 万元，有限责任公司的净资产额不低于人民币 6000 万元。

（2）累计债券总额不超过公司净资产额的 40%。

（3）最近 3 年平均可分配利润足以支付公司债券一年的利息。

（4）筹集的资金投向符合国家产业政策。

（5）债券的利率不得超过国务院限定的利率水平。

（6）国务院规定的其他条件。

## 3.5.2 公司债券的转让

公司债券属流通证券，可以转让，但是应在依法设立的证券交易场所进行。

上市公司经股东大会决议可以发行可转换为股票的公司债券，并在公司债券募集办法中规定具体的转换办法，但应报国务院证券管理部门批准。

**案 例 3-2**

美伦公司是集体所有制企业，由于市场疲软，濒临倒闭。但因为美伦公司一直是其所在县的利税大户，县政府采取积极扶持的政策。为了转产筹集资金，美伦公司经理向县政府申请发行债券，县政府予以批准，并协助美伦公司向社会宣传。于是美伦公司发行的价值150万元的债券很快顺利发行完毕。债权的票面记载为：票面金额100元，年利率15%，美伦公司以及发行日期和编号。

请分析：美伦公司债券的发行有哪些问题？

**案例分析**

（1）我国公司法规定，股份有限公司、国有独资公司和两个以上的国有企业或者其他两个以上的国有投资主体投资设立的有限责任公司，为筹集生产经营资金，可以依照本法发行公司债券。美伦公司是集体所有制企业，不具备发行企业债券的资格，发行主体不合格。

（2）发行公司债券要由公司董事会作出方案，由股东大会作出决议后，由公司向国务院证券管理部门申请批准后才能发行。而本案中，由县政府批准发行债券，这是不符合法律规定的。

（3）公司法规定，公司发行债券必须在债券上载明公司的名称、债券票面金额、利率、偿还期限等事项，并由董事长签名，公司盖章。本案中，债券票面缺少法定记载事项。

（4）证券的发行应当由证券公司承销，而不能由美伦公司自行发售。

课堂随笔

# 3.6 公司的财务会计制度

## 3.6.1 公司财务会计制度的建立

公司应按照国家有关规定建立本公司的财务会计制度。在每一个会计年度终了时制作财务会计报告，并依法经审查验证。

## 3.6.2 公司税后利润的分配

公司当年的税后利润应当严格按以下顺序分配：

（1）弥补亏损。公司当年利润在不超过税法规定的年限之前，可在税前弥补上年度亏损，否则应在税后弥补亏损。

（2）提取法定公积金。公积金分为盈余公积金和资本公积金。法定盈余公积金按税后利润的 10% 提取，当其累计金额达到公司注册资本的 50% 以上时，可不再提取。资本公积金是直接由资本原因形成的公积金，如超过票面金额发行股份所得的溢价款、法定财产重估增值、接受捐赠的资产价值等。公司的公积金用于弥补公司的亏损，扩大公司生产经营或者转为增加公司资本，但转增后留存的法定公积金不得少于注册资本的 25%。

（3）提取法定公益金。提取法定公积金后，公司应按税后利润的 5% ～ 10% 提取法定公益金，用于本公司职工的集体福利。

（4）提取任意公积金。经股东大会决议，公司可提取任意公积金，其用途与法定公积金相同。

（5）分配股利。股利是按股份支付给持股人的公司盈余。公司在弥补亏损和提取法定公积金、法定公益金之前，不得分配股利，公司当年无利润时也不得分配股利。



## 3.7 违反公司法的法律责任

### 3.7.1 公司设立过程中违法的法律责任

（1）违反公司法规定，虚报注册资本、提交虚假证明文件或者采取其他欺诈手段隐瞒重要事实取得公司登记的，由公司登记机关责令其改正，对虚报注册资本的公司，处以虚报注册资本金额 5% 以上 15% 以下的罚款；对提交虚假材料或者采取其他欺诈手段隐瞒重要事实的公司，处以 5 万元以上 50 万元以下的罚款；情节严重的，撤销公司登记或者吊销营业执照。



（2）公司的发起人、股东虚假出资，未交付或未按期交付作为出资的货币或非货币财产的，由公司登记机关责令其改正，并处以虚假出资金额 5% 以上 15% 以下的罚款。

（3）公司的发起人、股东在公司成立后，抽逃其出资的，由公司登记机关责令其改正，并处以所抽逃出资金额 5% 以上 15% 以下的罚款。

### 3.7.2 违反财务会计规则的法律责任

（1）公司违反公司法规定，在法定的会计账簿以外另立会计账簿的，由县级以上人民政府财政部门责令其改正，并处以 5 万元以上 50 万元以下的罚款。

（2）公司在依法向有关主管部门提供的财务会计报告等材料上作虚假记载或者隐瞒重要事实的，由有关主管部门对其直接负责的主管人员和其他直接责任人员处以 3 万元以上 30 万元以下的罚款。

（3）公司不依照公司法规定提取法定公积金的，由县级以上人民政府财政部门责令其如数补足应当提取的金额，并可对公司处以 20 万元以下的罚款。

### 3.7.3 公司合并、分立以及解散清算中的违法责任

（1）公司在合并、分立、减少注册资本或者进行清算时，不依照公司法规定通知或者公告债权人的，由公司登记机关责令其改正，并对公司处以 1 万元以上 10 万元以下的罚款。

公司在进行清算时，隐匿财产，对资产负债表或者财产清单作虚假记载或者在未清偿债务前分配公司财产的，由公司登记机关责令其改正，并对公司处以隐匿财产或者未清偿债务前分配公司财产金额 5% 以上 10% 以下的罚款；对其直接负责的主管人员和其他直接责任人员处以 1 万元以上 10 万元以下的罚款。

（2）公司在清算期间开展与清算无关的经营活动的，由公司登记机关对其予以警告，并没收违法所得。

（3）清算组不依照公司法规定向公司登记机关报送清算报告，或者报送清算报告隐瞒重要事实或者有重大遗漏的，由公司登记机关责令其改正。

清算组成员利用职权徇私舞弊、谋取非法收入或者侵占公司财产的，由公司登记机关责令其退还公司财产，并没收其违法所得，并可处以违法所得 1 倍以上 5 倍以下的罚款。

### 3.7.4 承担资产评估、验资或者验证的机构的违法责任

（1）承担资产评估、验资或者验证的机构提供虚假材料的，由公司登记机关没收其违法所得，并处以违法所得 1 倍以上 5 倍以下的罚款，可由有关主管部门依法责令该机构停业、吊销直接责任人员的资格证书，吊销营业执照。

（2）承担资产评估、验资或者验证的机构因过失提供有重大遗漏的报告的，由公司登记机关责令其改正，情节较重的，处以其所得收入 1 倍以上 5 倍以下的罚款，并由有关主管部门依法责令该机构停业、吊销直接责任人员的资格证书，吊销营业执照。

（3）承担资产评估、验资或者验证的机构因其出具的评估结果、验资或者验证证明不

实，给公司债权人造成损失的，除能够证明自己没有过错的外，在其评估或者证明不实的金额范围内承担赔偿责任。

### 3.7.5　国家主管机关的违法责任

（1）公司登记机关对不符合公司法规定条件的登记申请予以登记，或者对符合公司法规定条件的登记申请不予登记的，对直接负责的主管人员和其他直接责任人员，依法给予行政处分。

（2）公司登记机关的上级部门强令公司登记机关对不符合公司法规定条件的登记申请予以登记，或者对符合公司法规定条件的登记申请不予登记的，或者对违法登记进行包庇的，对其直接负责的主管人员和其他直接责任人员依法给予行政处分。

### 3.7.6　其他违法责任

（1）未依法登记为有限责任公司或者股份有限公司，而冒用有限责任公司或者股份有限公司名义的，或者未依法登记为有限责任公司或者股份有限公司的分公司，而冒用有限责任公司或者股份有限公司的分公司名义的，由公司登记机关责令其改正或者予以取缔，可以并处10万元以下的罚款。

（2）公司成立后无正当理由超过6个月未开业的，或者开业后自行停业连续6个月以上的，可以由公司登记机关吊销营业执照。

公司登记事项发生变更时，未依照公司法规定办理有关变更登记的，由公司登记机关责令其限期登记；逾期不登记的，处以1万元以上10万元以下的罚款。

（3）外国公司违反公司法规定，擅自在中国境内设立分支机构的，由公司登记机关责令其改正或者关闭，可以并处5万元以上20万元以下的罚款。

（4）利用公司名义从事危害国家安全、社会公共利益的严重违法行为的，吊销其营业执照。

（5）公司违反公司法规定，应当承担民事赔偿责任和缴纳罚款、罚金的，其财产不足以支付时，先承担民事赔偿责任。

（6）刑事责任的承担只能由《刑法》规定。违反公司法，同时触犯《刑法》构成犯罪的，依法追究其刑事责任。

**本章实训**

通过本章的学习，使学生全面、系统、准确地掌握关于“公司”这一最主要市场主体的基本法律规定，熟悉公司法的基本理论，同时具备一定的实务操作和制度运用的能力。

## 一、实训目标

训练和提高学生法律实务的操作技能，包括了解基础事实，掌握基本法律常识，针对不同情况能抓住纠纷重点有的放矢，增强专业理论向法律应用实践转换的能力；学生的合作精神和独立开展工作的能力；加强学生对公司运行的理解等。

## 二、实训步骤

（1）针对基础理论学习内容，由教师提出问题：有限责任公司、股份有限公司的设立分别有哪些条件？

（2）根据所学理论收集案例、实例。

（3）学生分组对收集的案例、实例进行分析讨论。

（4）案例分析题。

① 甲有限责任公司（以下简称甲公司）由 A 企业、B 企业、C 企业共同投资于 2006 年 1 月 1 日成立，注册资本为 1000 万元，其中 A 企业认缴的出资为 600 万元，B 企业认缴的出资为 300 万元，C 企业认缴的出资为 100 万元。根据公司章程的规定，A 企业、B 企业、C 企业的首次出资额为各自认缴出资额的 25%，其余 75%的出资在 2007 年 7 月 1 日前缴足。请分析：根据本题要点所提示的内容，指出甲公司章程规定的股东出资期限是否符合法律规定？并说明理由。

② 2006 年 2 月，甲公司为 A 企业 100 万元的银行贷款提供担保，该担保事项提交股东会表决时，A 企业未参加表决，B 企业赞成，C 企业反对，股东会通过了该项决议。请分析：根据本题要点所提示的内容，指出甲公司股东会对担保事项的决议是否符合法律规定？并说明理由。

（5）教师进行课堂总结。

## 三、实训注意事项

（1）教师要引导学生积极进行案例和实例的收集和讨论。

（2）引用典型案例，培养和提高学生的学习兴趣和实际应用能力。

（3）学生组长要切实负责，使讨论形成气氛，取得效果。

### 思考与练习

## 一、填空题

1. 根据公司股东责任的不同，可以分为 ________、________、________ 和 ________ 四种。

2. 股东的出资方式可以是 ________、________、工业产权和 ________、________，

其中工业产权和非专利技术作价出资的金额不得超过注册资本的 ________，国家对采用高新技术成果有特别规定的除外。

3．股东会分为 ________ 会议和 ________ 会议。

4．股份有限公司的设立方式分为 ________ 和 ________ 两种。

5．股份的发行必须实行“________、________、________”的原则，坚持 ________，________。

6．发行公司债券必须符合的条件是：股份有限公司的净资产额不低于人民币 ________ 万元，有限责任公司的净资产额不低于人民币 ________ 万元；累计债券总额不超过公司净资产额的 ________。

## 二、单项选择题

1．两家国有企业设立了一有限责任公司。该公司董事会中的职工代表应由（　　）。

A．股东会选举产生　　B．公司职工民主选举产生

C．监事会指定　　D．工会指定

2．根据公司法的规定，公司成立时间是（　　）。

A．工商行政管理机关作出予以核准登记的决定之日

B．工商行政管理机关签发《企业法人营业执照》之日

C．申请人收到《企业法人营业执照》之日

D．公司成立公告发布之日

3．以下几种出资形态中，符合公司法规定的是（　　）。

A．劳务出资　　B．管理技能出资

C．信用出资　　D．非专利技术出资

4．除法定情形外，公司不得收购分公司的股票。这是（　　）。

A．资本确定原则的要求　　B．资本维持原则的要求

C．资本不变原则的要求　　D．资本独立原则的要求

5．公司债券承销人应当是（　　）。

A．公司债券发行人　　B．商业银行

C．证券公司　　D．投资咨询公司

6．某有限责任公司打算与另一公司合并，该合并方案必须经（　　）。

A．代表1/2以上表决权的股东通过　　B．代表2/3以上表决权的股东通过

C．全体股东通过　　D．出席股东会的全体股东通过

7．以下各项中属于公司强制解散的事由是（　　）。

A．公司营业期限届满　　B．公司合并、分立

C．公司被依法宣告破产　　D．股东会（股东大会）做出解散公司的决议

8．某公司因债权人的申请进入破产程序，人民法院召集债权人会议时，应通知（　　）。

A．全体债权人参加　　B．有财产担保的债权人参加

C．无财产担保的债权人参加　　D．债权人推选的代表参加

9．有限责任公司不同于合伙企业的特点之一是（　　）。

A．以盈利为目的　　B．具有法人资格

C．有独立的名称　　D．独立对外签订合同

## 三、判断题

1．有限责任公司由2个以上50个以下股东出资设立。（　　）

2．公司的名称应当由行政区划名称、字号（商号）、行业三项基本要素构成。（　　）

3．外国公司属于外国法人，其在中国境内设立的分支机构不具有中国法人资格。（　　）

4．公司因章程规定的营业期限届满或者章程规定的其他解散事由出现，以及因股东（大）会决议而解散的，应当在10日内成立清算组。（　　）

5．董事、经理及财务工作人员不得兼任监事。（　　）

6．股票发行价格不得低于票面金额，体现了公司的资本维持原则。（　　）

7．根据我国《公司法》的规定，公司要发行公司的债券的条件之一是，该次发行的公司债券总额不超过公司净资产额的40%。（　　）

8．公司应当自作出分立决议之日起10内通知债权人，并于60日内在报纸上至少公告3次。（　　）

## 四、名词解释

1．有限责任公司　　2．股份有限公司　　3．上市公司

4．公司债券　　5．公司的合并　　6．公司的分立

## 五、简答题

1．公司破产的法律特征。

2．记名公司债券与无记名公司债券在转让方式上有何不同？

3．股东大会的性质、基本特征及其对董事会的监督。

## 六、案例分析题

1．A股份有限公司拟召开1999年度股东大会年会，审议批准董事会报告、审议批准

监事会报告、审议批准年度财务预算方案、决算方案、审议批准公司的利润分配方案。公司在国务院证券管理部门指定的报纸上登载了召开股东大会年会的通知。通知内容如下：

A股份有限公司关于召开1999年度股东大会年会的通知

兹定于1999年5月15日在公司本部办公楼二层会议室内召开1999年度股东大会年会，特通知如下：

（1）凡持有本公司股份50万股以上的股东可向本公司索要本通知，并持通知出席股东大会会议。

（2）持有本公司股份不足50万股的股东，可自行组合，每50万股选出一名代表，向本公司索要本通知，并持通知出席股东大会会议。

（3）持有本公司股份不足50万股的股东，5月10日前不自行组合产生代表的，本公司将向其寄送"通讯表决票"，由其通讯表决。

A股份有限公司董事长×××

1999年5月5日

（1）请阅读上述资料，并回答：上述通知有哪些违法之处？"根据什么"？

（2）请改写一份符合公司法要求的通知。

2．2010年1月，5家集体所有制企业依据我国公司法共同投资设立了一家食品加工有限责任公司（以下简称食品公司），注册资本1000万元。为了进一步扩大食品公司的生产规模，食品公司董事会制订了增资方案，即由现有股东按照目前出资比例继续出资，把公司注册资本增加到1600万元。股东会对该方案表决时，3个股东赞成，2个股东反对，股东会作出增资决议。赞成增资的股东原出资总额为640万元，占食品公司注册资本的64%；反对增资的股东原出资总额为360万元，占食品公司注册资本的36%。股东会结束后，董事会通知所有股东按照股东会决议缴纳增资方案中确定的出资数额。2个反对增资的股东拒不缴纳出资。董事会决定暂停这2个股东1998年度的股利分配，用以抵作出资。这2个股东不服董事会决定，以食品公司为被告，向人民法院提起诉讼，要求确认股东会的增资决议无效。

请分析：

（1）食品公司是否应当被列为被告？为什么？

（2）人民法院应否支持作为原告的2个股东的诉讼请求？为什么？

# 第4章

# 合 同 法

## 学习目标

（1）了解合同的概念、合同的法律特征和分类。

（2）了解合同的变更、转让与终止的法律规定。

（3）理解合同的效力。

（4）掌握合同的主要条款，合同订立的原则和方式。

（5）掌握合同履行和担保方式。

（6）掌握合同违约责任方式。

## 任务描述

学习合同法，使学生具有运用所学知识解决具体案例，以及具有依法起草和签订各类商事合同，处理合同履行过程中出现的各种争议的能力。

## 导入案例

2007年5月，A市商贸公司与B市农业生产资料综合门市部签订了一份钢材购销合同，合同规定，由商贸公司供给该综合门市部250吨进口螺纹钢，总价款为40万元，商贸公司应于同年10月底在天津港报关、商检后交货。同年10月25日，商贸公司从俄罗斯进口螺纹钢250吨抵达天津港后，立即通知综合门市部前往接货并支付价款，后者则以种种借口拖延。为避免支付更多的仓储费用，商贸公司于11月10日将钢材从港口取回，堆放在自己的露天货场，后被盗走50吨，另有部分钢材生锈。由于多次催促提货未果，商贸公司遂向法院起诉，要求综合门市部提货、支付货款及违约金并赔偿损失。被告则称自己为农业生产资料综合门市部，购销钢材为超越经营范围，要求确认合同无效。

## 案例思考

该案如何处理？

合同法对保护合同当事人的合法权益，维护社会经济秩序，促进社会主义现代化建设，有极其重要的意义，合同是维护生产者、经营者和其他市场主体自身合法权益的法律形式。合同是加强市场主体之间协作关系的纽带，合同是企业提高经济效益的有力措施，是国家管理市场主体经济活动的重要法律手段。

# 4.1 合同法概述

## 4.1.1 合同的概念

合同是指平等主体的双方或多方当事人（自然人或法人）关于建立、变更、终止民事法律关系的协议。此类合同是产生债权的一种最为普遍和重要的根据，故又称债权合同。《中华人民共和国合同法》所规定的经济合同，属于债权合同的范围。合同有时也泛指发生一定权利、义务的协议，故又称契约。

## 4.1.2 合同的法律特征

（1）合同是双方的法律行为，即需要两个或两个以上的当事人互为意思表示（意思表示就是将能够发生民事法律效果的意思表现于外部的行为）。

（2）双方当事人意思表示须达成协议，即意思表示要一致。

（3）合同系以发生、变更、终止民事法律关系为目的。

（4）合同是当事人在符合法律规范要求条件下而达成的协议，故应为合法行为。

合同一经成立即具有法律效力，在双方当事人之间就发生了权利、义务关系；或者使原有的民事法律关系发生变更或消灭。当事人一方或双方未按合同履行义务，就要依照合同或法律承担违约责任。

## 4.1.3 合同的分类

合同按照不同的标准，可以进行不同的分类。具体分类如表 4-1 所示。

表4-1　合同的分类

| | | |
|---|---|---|
| 按照法律是否规定统一的名称和相应规范 | 有名合同 | 有名合同是指法律、法规规定了具体名称和调整范围的合同 |
| | 无名合同 | 无名合同是指法律、法规尚未规定具体名称和调整范围的合同 |
| 按照合同的成立是否以交付标的物为要件 | 诺成合同 | 诺成合同是指双方当事人意思表示一致即告成立的合同，如买卖合同、借款合同等 |
| | 实践合同 | 实践合同是指除当事人的意思表达一致外，还须交付标的才能成立的合同，如保管合同、运输合同等 |
| 按照当事人取得权利是否以偿付为代价 | 有偿合同 | 有偿合同是指必须偿付代价才能享有权利的合同，如买卖合同、承揽合同等 |
| | 无偿合同 | 有偿合同是指不必偿付代价就可享有权利的合同，如赠与合同 |
| 按照合同的成立是否需要特定形式 | 要式合同 | 要式合同是指根据法律、法规或者当事人的约定应当采取特定形式或手续的合同，如房地产买卖合同 |
| | 非要式合同 | 非要式合同是指不需要特定形式或手续即可成立的合同 |
| 按照当事人双方权利、义务的分担方式 | 双务合同 | 双务合同是指当事人双方都享受权利并承担义务的合同，如买卖合同、运输合同等 |
| | 单务合同 | 单务合同是指当事人一方只享受权利不承担义务的合同，如赠与合同 |
| 按照合同能否独立存在 | 主合同 | 主合同是指不需要依赖其他合同能独立存在的合同，如借款合同 |
| | 从合同 | 从合同是指需要依赖其他合同不能独立存在的合同，如抵押合同 |

**知识链接**

合同法规定了15种有名合同:（1）买卖合同;（2）供用水、电、气、热力合同;（3）赠与合同;（4）借款合同;（5）租赁合同;（6）融资租赁合同;（7）承揽合同;（8）建设工程合同;（9）运输合同;（10）技术合同;（11）保管合同;（12）仓储合同;（13）委托合同;（14）经济合同;（15）居间合同。





## 4.1.4　合同法的概念

合同法是调整平等主体的自然人、法人、其他组织之间设立、变更、终止合同而产生的权利义务关系的法律规范的总称。

广义的合同法包括一切调整合同关系的法律、法规和规章以及最高人民法院有关合同案件宣判的规定。

狭义的合同法是指《中华人民共和国合同法》，该法共有23章428条。

知识链接

《中华人民共和国合同法》于1999年3月15日第九届全国人民代表大会常务委员会第二次会议通过，自1999年10月1日起施行。以下简称合同法。

### 4.1.5 合同法调整的对象

合同法是调整平等主体的自然人、法人、其他组织之间设立、变更、终止合同而产生的权利义务关系的协议，即合同。这是对调整对象和范围的基本规定。合同法调整范围如表4-2所示。

表4-2 合同法调整范围

| | |
|---|---|
| 适用 | 合同法调整的是平等主体之间的民事关系。具体地讲，合同法调整的对象主要是合同法规定的15种有名合同 |
| 不适用 | 政府对经济的管理活动，属于行政管理关系，不适用合同法。例如，财政拨款、征用、征购等适用有关行政法，不适用合同法 |
| | 企业、单位内部的管理关系，是管理与被管理的关系，不是平等主体之间的关系，也不适用合同法。例如，工厂车间内的生产责任制，是企业的一种管理措施，不适用合同法 |
| | 婚姻、收养、监护等有关身份关系的协议虽然是平等主体间的关系，但也不适用合同法 |

## 4.2 合同的订立

### 4.2.1 合同的订立的概念

合同的订立，是指两个或两个以上的当事人，依法就合同的主要条款经过协商一致，达成协议的法律行为。

### 4.2.2 订立合同的当事人资格

订立合同，当事人必须具有相应的法律资格，即当事人必须具有相应的民事权利能力和民事行为能力。权利能力是法律赋予当事人享有权利、承担义务的资格，行为能力是当事人以自己的行为取得享有权利、承担义务的资格。

下列当事人有权订立合同：

（1）完全行为能力的人可以独立地与相对人订立合同，限制行为能力的人可以独立与相对人订立与其年龄、智力或精神健康状况相适应的合同。

（2）企业法人、个体工商户、农村承包户在其经营范围内有权与相对人订立合同。

（3）代理人代订合同，要有授权委托书，并且在授权范围内有权与相对人订立合同。

（4）财产所有人有权签订以处分该财产为后果的合同。

（5）具有对外经营权的法人和其他经济组织有权订立涉外经济合同。

**知识链接**

完全行为能力的人是指18周岁以上的人和16周岁以上不满18周岁，以自己的劳动收入为主要来源的人。

限制行为能力的人是指10周岁以上不满18周岁的人和不能完全辨认自己行为的精神病人。

## 4.2.3　合同的主要条款

根据合同法规定，合同应具备以下主要条款：

1. 当事人的名称或者姓名和住所

这是每一个合同必须具备的条款，当事人是合同法律关系的主体。合同中不仅要把当事人写到合同中去，而且要把各方当事人名称或者姓名和住所都规定准确、清楚。

2. 标的

标的是合同当事人的权利义务指向的对象。标的是合同成立的必要条件，是一切合同的必备条款。没有标的，合同不能成立，合同关系无法建立。

合同标的的种类有物和行为两大类，具体说，合同标的可分为四种，如表4-3所示。



表4-3　合同标的分类

| | |
|---|---|
| 有形财产 | 有形财产指具有价值和使用价值并且法律允许流通的有形物。可分为生产资料与生活资料、种类物与特定物、可分物与不可分物、货币与有价证券等 |
| 无形财产 | 无形财产指具有价值和使用价值并且法律允许流通的不以实物形态存在的智力成果。如商标、专利、著作权、技术秘密等 |
| 劳务 | 劳务指不以有形财产体现其成果的劳动与服务。如运输合同中承运人的运输行为，保管与仓储合同中的保管行为，接受委托进行代理、居间、行纪行为等 |
| 工作成果 | 工作成果指在合同履行过程中产生的、体现履约行为的有形物或者无形物。如承揽合同中由承揽方完成的工作成果，建设工程合同中承包人完成的建设项目，技术开发合同中的委托开发合同的研究开发人完成的研究开发工作等 |

合同对标的的规定应当清楚明白、准确无误，对于名称、型号、规格、品种、等级、花色等都要约定得细致、准确、清楚，防止差错。特别是对于不易确定的无形财产、劳务、工作成果等更要尽可能地描述准确、明白。订立合同中还应当注意各种语言、方言以及习惯称谓的差异，避免不必要的麻烦和纠纷。

3. 数量

合同标的的数量是以计量单位和数字来衡量标的的尺度。在大多数的合同中，数量是必备条款，没有数量，合同是不能成立的。合同标的的数量如表 4-4 所示。

表4-4 合同标的的数量

| | |
|---|---|
| 有形财产 | 数量是对单位个数、体积、面积、长度、容积、重量等的计量 |
| 无形财产 | 数量是个数、件数、字数以及使用范围等多种量度方法 |
| 劳务 | 数量为劳动量 |
| 工作成果 | 数量是工作量及成果数量 |

一般而言，合同的数量要准确，选择使用共同接受的计量单位、计量方法和计量工具。根据不同情况，要求不同的精确度，允许的尾差、磅差、超欠幅度、自然耗损率等。

4. 质量

质量一般以品种、型号、规格、等级等体现出来。质量条款的重要性是毋庸赘言的，许许多多的合同纠纷由此引起。合同中应当对质量问题尽可能地规定细致、准确和清楚。国家有强制性标准规定的，必须按照规定的标准执行。如有其他质量标准的，应尽可能约定其适用的标准。当事人可以约定质量检验的方法、质量责任的期限和条件、对质量提出异议的条件与期限等。

5. 价款或者报酬

价款或者报酬是一方当事人向对方当事人所付代价的货币支付。价款一般指对提供财产的当事人支付的货币，如买卖合同的货款、租赁合同的租金、借款合同中借款人向贷款人支付的本金和利息等。报酬一般是指对提供劳务或者工作成果的当事人支付的货币，如运输合同中的运费、保管合同与仓储合同中的保管费以及建设工程合同中的勘察费、设计费和工程款等。如果有政府定价和政府指导价的，要按照规定执行。价格应当在合同中规定清楚或者明确规定计算价款或者报酬的方法。

6. 履行期限、地点和方式

履行期限是指合同中规定的当事人履行自己的义务如交付标的物、价款或者报酬，履行劳务、完成工作的时间界限。不同的合同，其履行期限的具体含义是不同的。买卖合同中卖方的履行期限是指交货的日期、买方的履行期限是指交款日期，运输合同中承运人的履行期限是指从起运到目的地卸载的时间，工程建设合同中承包方的履行期限是从开工到竣工的时间。正因如此，期限条款还是应当尽量明确、具体，或者明确规定计算期限的方法。

履行地点是指当事人履行合同义务和对方当事人接受履行的地点。不同的合同，履行地点有不同的特点。如买卖合同中，买方提货的，在提货地履行；卖方送货的，在买方收货地履行。在工程建设合同中，在建设项目所在地履行。运输合同中，从起运地运输到目的地为履行地点。履行地点有时是确定运费由谁负担、风险由谁承担以及所有权是否转移、何时转移的依据。

履行方式是指当事人履行合同义务的具体做法。不同的合同，决定了履行方式的差异。买卖合同是交付标的物，而承揽合同是交付工作成果。履行可以是一次性的，也可以是在一定时期内的，也可以是分期、分批的。履行方式还包括价款或者报酬的支付方式、结算方式等，如现金结算、转账结算、同城转账结算、异地转账结算、托收承付、支票结算、委托付款、限额支票、信用证、汇兑结算、委托收款等。

7. 违约责任

违约责任是指当事人一方或者双方不履行合同或者不适当履行合同，依照法律的规定或者按照当事人的约定应当承担的法律责任。违约责任是促使当事人履行合同义务，使对方免受或少受损失的法律措施，也是保证合同履行的主要条款。为了保证合同义务严格按照约定履行，为了更加及时地解决合同纠纷，可以在合同中约定违约责任，如约定定金、违约金、赔偿金额以及赔偿金的计算方法等。

8. 解决争议的方法

解决争议的方法也就是合同争议的解决途径，对合同条款发生争议时的解释以及法律适用等。解决争议的途径主要有四种：一是双方通过协商和解，二是由第三人进行调解，三是通过仲裁解决，四是通过诉讼解决。



### 4.2.4 合同订立的形式

合同的订立的形式，是指合同当事人意思表示一致的外在表现形式。

当事人订立合同，可以采取书面形式、口头形式和其他形式。合同形式在对于固定证据、警告当事人郑重其事、区分磋商与缔约两个阶段均有重要意义。口头形式的合同虽方便易行，但缺点是发生争议时难以举证确认责任，不够安全。书面形式是指以合同书、信件等各种有形地表现所载内容的合同形式。根据合同法规定，数据电文（包括电报、电传、传真、电子数据交换和电子邮件）也属于书面形式的一种。另外，根据合同法规定，法律、行政法规规定或者当事人约定采用书面形式的合同，当事人应当采用书面形式。

### 4.2.5 合同订立的程序

合同订立的过程就是当事人双方或多方就合同的内容进行协商，达成一致意见的过程。这一过程分为要约和承诺两阶段。

1. 要约

（1）要约的概念。

要约是希望和他人订立合同的意思表示。要约在商业活动和对外贸易中称为报价、发价或发盘。发出要约的当事人称为要约人，而要约所指向的对方当事人则称为受要约人。

**知识链接**

要约与要约邀请的区别：要约邀请，是一方当事人邀请另一方当事人向自己发出要约。要约是以订立合同为目的具有法律意义的意思表示行为，一经发出就产生一定的法律效果。而要约邀请的目的是让对方对自己发出要约，是订立合同的一种预备行为，在性质上是一种事实行为，并不产生任何法律效果，即使对方依邀请对自己发出了要约，自己也没有承诺的义务。因此，要约邀请本身不具有法律意义。在实际生活中，拍卖公告、招标、寄送价目表、招股说明书、商业公告、广告等，都属于要约邀请。

（2）要约应具备的条件。

内容具体包括：① 要约必须是特定人的意思表示；② 受要约人一般也是特定的，但在一定的场合，要约人也可以向不特定的人发出要约；③ 要约的内容必须包括足以决定合同内容的主要条款。

要约必须表明经受要约人承诺，要约人即受该意思表示约束。

（3）要约生效的时间。

要约到达受要约人时生效。具体情况如表 4-5 所示。

**表4-5 要约生效的时间**

| | |
|---|---|
| 口头形式的要约 | 自受要约人了解要约时开始生效 |
| 一般书面形式的要约 | 自该书面形式的要约文件到达受要约人处生效 |
| 采用数据电子形式订立合同 | 收件人指定特定系统接收数据电文的，该数据电文进入该特定系统的时间，视为到达时间 |
| | 收件人未指定特定系统的，该数据电文进入收件人的任何系统的首次时间，视为到达时间 |

（4）要约效力。

要约一旦到达受要约人，即对要约人产生约束力。要约人在要约的有效期内不得随意变更或撤销要约，否则要承担由此造成的损失赔偿责任。

（5）要约不发生效力或效力终止。

你知道要约不发生效力或效力终止的情形有哪些吗？

① 要约被撤回或被依法撤销。

② 要约被拒绝，即受要约人不接受要约的内容或具体条款。

③ 要约的有效期限届满，即受要约人在要约承诺期内未答复。

④ 受要约人对要约的内容做出实质性变更。

2. 承诺

（1）承诺的概念。

承诺也称接受订约提议，是当事人一方完全同意要约方提出要约的主要内容和条件的答复。要约人收到承诺时，双方就要订立合同；如收到承诺时已具备符合法律规定的合同形式，合同就成立了。

（2）承诺应具备的条件。

① 承诺必须由受要约人作出。

② 承诺必须向要约人作出。

③ 承诺应当在确定的或合理的期限内到达要约人。

④ 承诺是对要约表示同意的意思表示。这种意思表示可以分为对要约的内容完全同意和对要约的内容部分同意，部分不同意。

（3）承诺的方式。

承诺的方式是指受要约人将其承诺的意思表达传达给要约人所采用的方式。合同法第22条规定："承诺应当以通知的方式作出，但根据交易习惯或者要约表明可以通过行为作出承诺的除外。"

① 通知的方式。

在一般情况下，受要约人接受要约应当向要约人发出承诺通知。承诺通知应为明示方式，沉默或者不作为本身一般不构成承诺。

② 行为可以构成承诺。

比如，某建筑公司急需水泥，向甲、乙两个水泥厂发出要约，要求购买300吨水泥，甲水泥厂回电报承诺，乙水泥厂为解建筑公司的燃眉之急，将水泥送至建筑公司。建筑公司以已经与甲水泥厂成立合同为由拒收。此案中，乙水泥厂的行为构成有效承诺，双方成立了合同，建筑公司无权拒收。以行为为承诺，被称为"意思实现"。

（4）承诺的期限。

承诺应当在要约确定的期限内到达要约人。

确定承诺期限的，具体的到达是如何规定的呢？

（1）要约以对话方式作出的，应当即时作出承诺，但当事人另有约定的除外。

（2）要约以非对话方式作出的，承诺应当在合理期限内到达。

（3）要约是以信件或电报作出的，承诺期限自信件载明的日期或者电报交发之日开始计算。信件未载明日期的，以投寄该信件的邮戳日期开始计算。

（4）要约以电话、传真等快速通信方式作出的，承诺期限自要约到达受要约人时开始计算。

（5）承诺的生效。

承诺的生效是指承诺于何时发生法律效力，根据我国合同法规定，承诺的生效主要有以下规定：

（1）承诺到达要约人时生效。

（2）承诺不需要通知的，承诺人根据交易习惯或者要约要求作出承诺的行为时生效。

（3）采用数据电文形式订立合同。

订立合同往往经过当事人双方反复协商，如甲方提出要约，乙方做出与要约内容不完全相同的答复（反要约）；甲方接到乙方的答复后，可能又提出一些修正和补充，双方就这样往返协商，直至双方就合同的主要条款取得完全一致的意见（承诺）达成协议，合同方才成立。

### 4.2.6 合同成立的时间、地点

#### 1. 合同成立的时间

由于合同订立方式的不同，合同成立的时间也不同，具体规定如表 4-6 所示。

表4-6 合同成立的时间

| | |
|---|---|
| 承诺生效时合同成立 | 如承诺需要通知的，承诺通知到达要约人时生效；承诺不需要通知的，根据交易习惯或者要约的要求做出承诺的行为时生效 |
| 合同书形式的合同成立时间 | 当事人采用合同书形式订立合同的，自双方当事人签字或者盖章时合同成立 |
| 确认书形式的合同成立时间 | 当事人采用信件、数据电文等形式订立合同的，可以要求在合同成立之前签订确认书。签订确认书时合同成立 |

#### 2. 合同成立的地点

合同成立的地点关系到案件的管辖，对当事人具有重要的法律意义，承诺生效的地点为合同成立的地点。承诺采取的方式不同，承诺生效的地点也就不同，具体规定如表4-7所示。

表4-7 合同成立的地点

| | |
|---|---|
| 采用数据电文形式订立的合同 | 收件人的主营业地为合同成立的地点；没有主营业地的，其经常居住地为合同成立地点 |
| 当事人采用合同书形式订立的合同 | 双方当事人签字或者盖章的地点为合同成立的地点。签字或者盖章不在同一地点的，最后签字或者盖章的地点为合同成立地点 |

**案例4-1**

S省某建筑工程公司因施工期紧迫，而事先未能与有关厂家订好供货合同，造成施工过程中水泥短缺，急需100吨水泥。该建筑工程公司同时向A市海天水泥厂和B市的丰华水泥厂发函，函件中称："如贵厂有300号矿渣水泥现货（袋装），吨价不超过1500元，请求接到信10天内发货100吨。货到付款，运费由供货方自行承担。"A市海天水泥厂接信当天回信，表示愿以吨价1600元发货100吨，并于第3天发货100吨至S省建筑工程公司，建筑工程公司于当天验收并接收了货物。B市丰华水泥厂接到要货的信件后，积极准备货源，于接信后第7天，将100吨袋装300号矿渣水泥装车，直接送至某建筑工程公司，结果遭到某建筑工程公司的拒收。理由是：本建筑工程仅需要100吨水泥，至于给丰华水泥厂发函，只是进行询问协商，不具有法律约束力。丰华水泥厂不服，遂向人民法院提起了诉讼，要求依法处理。

请分析：

（1）丰华水泥厂与某建筑工程公司之间是否存在生效的合同关系？

（2）某建筑工程公司拒收丰华水泥厂的100吨水泥是否于法有据？

（3）丰华水泥厂能否请求建筑工程公司支付违约金？

（4）对海天水泥厂的发货行为如何定性？

（5）海天水泥厂与建筑工程公司的合同何时成立？合同内容如何确定？

（6）假设建筑工程公司收到海天水泥厂的回信后，于次日再次去函表示愿以吨价1599元接货，海天水泥厂收到该第二份函件后即发货100吨至建筑工程公司。那么，二者之间的合同是否成立？如果成立，则何时成立？合同内容如何确定？

**案例分析**

（1）丰华水泥厂与建筑工程公司之间存在生效的合同关系。

（2）建筑工程公司拒收丰华水泥厂水泥的行为构成违约。

（3）丰华水泥厂不可以请求建筑工程公司支付违约金，但可以请求其赔偿因其拒收行为致丰华水泥厂的损失。

（4）海天水泥厂的发货行为是要约行为。

（5）海天水泥厂与建筑工程公司之间的合同于后者接收货物时成立。合同内容除价款为吨价1600元外，其余依建筑工程公司的第一份函件内容为准。

（6）海天水泥厂与建筑工程公司之间的合同成立。合同成立的时间为海天水泥厂收到第二次函件之时。合同内容除价款为吨价1599元外，其余均依建筑工程公司第一份函件为准。

课堂随笔

# 4.3 合同的效力

合同的效力，又称合同的法律效力，是指依法成立的合同约束各方当事人乃至第三人的强制力。合同的生效问题，简单地说就是指合同是否有效，以及对当事人的约束问题。

根据合同法的有关规定，依法成立的合同，自成立时生效。由此可见，合同的成立与合同的生效并不是相等的概念。合同成立不一定意味着必然有效。当事人双方意思表示一致，合同即宣告成立，但合同成立后，能否发生法律效力。产生预期的法律后果，则要看是否符合法律的规定条件，这不是当事人意志所能决定的。根据符合法律规定的条件不同，可以将合同的效力分为有效合同、无效合同、可撤销（变更）合同以及效力待定合同四类。

## 4.3.1 有效合同

依法成立的合同，具有法律约束力，是有效合同。一般来说只有符合法律所规定的生效条件合同，才是有效的合同，否则有可能不仅无效而且还会受到法律的制裁。合同有效成立的条件具体如下：

（1）当事人具有相应的民事行为能力。

（2）当事人意思表示真实。

（3）不违反法律或社会公共利益。

（4）合同标的须确定和可能。

## 4.3.2 无效合同

1. 无效合同的概念和特征

无效合同是指违反法律、法规要求，国家不予承认和保护的不发生法律效力的合同。无效合同有以下特征：

（1）违法性。

（2）不履行性。

（3）无效合同自始无效。

2. 无效合同的类型

根据合同法第 52 条，无效合同的类型主要包括以下几种：

（1）一方以欺诈、胁迫的手段订立的合同，损害国家利益。

（2）恶意串通，损害国家、集体或第三者利益。

（3）以合法形式掩盖非法目的。

（4）损害社会公共利益。

（5）违反法律、行政法规的强行性规定。

根据无效的范围和程序。无效合同又可分为全部无效合同和部分无效合同。全部无效合同是指合同内容全部无效；部分无效合同是指虽然合同的部分条款因违反法律规定而无效，但不影响其他部分效力的合同。

### 4.3.3 可撤销合同

1. 可撤销合同的概念

可撤销合同是指由于法定原因，享有撤销权的一方当事人请求人民法院或者仲裁机构撤销合同效力的合同。通过有撤销权的当事人行使撤销权，可使已经生效的合同变更或归于无效。

2. 可撤销合同的构成要件

（1）因重大误解而订立的合同。

（2）显示公平而订立的合同。

（3）一方以欺诈、胁迫的手段或乘人之危，使对方在违背真实意思的情况下订立的合同。

3. 撤销权的行使及消灭

对于因重大误解而订立的合同和在订立合同时显示公平的合同，当事人任何一方均有权请求变更或撤销合同，主要是误解方和受害方行使请求权。对于一方以欺诈、胁迫的手段或乘人之危，使对方在违背真实意思的情况下订立的合同，则只有受损害方当事人才可以行使请求权，请求人民法院或仲裁机构变更或者撤销合同。

撤销权的行使是有时效和限制的。有下列情形之一的，撤销权消灭：

（1）具有撤销权的当事人自知道或者应当知道撤销事由之日起 1 年内没有行使撤销权。

（2）具有撤销权的当事人知道撤销事由后明确表示或者以自己的行为放弃撤销权。



### 4.3.4 效力待定合同

1. 效力待定合同的概念

所谓效力待定合同，是指合同虽然已经成立，但因其不完全符合有关生效要件的规定，因此其效力能否发生，尚未确定，一般须经有权人表示承认才能生效。

2. 效力待定的主要类型

（1）限制民事行为能力人订立的合同。

（2）无权代理人以本人名义订立的合同。

（3）无处分权人处分他人财产而订立的合同。

此三类合同分别是由于有关当事人缺乏缔约能力、缺乏订立合同的资格或缺乏处分能力造成的，如果给有关权利人赋予承认权，使之能够以其利益判断做出承认而使合同有效或者拒绝而使合同无效，往往是有利于权利人的利益，有利于促进交易的。因此，将这类合同规定为效力待定合同，是符合权利人的意志和利益的。

**案例 4-2**

2009年1月7日，原告李阿文让其子李小华去某市购买中草药"首乌"5千克。当日下午4时许，李小华到市医药公司城北门市部购买药材时，向售货员表示要购买中草药"首乌"，数量是5千克。由于李小华是雷州人，雷州话"首乌"与广州话的"草乌"声音十分相近，该门市部售货员误将5千克"草乌"卖给了李小华。李小华不识中草药，遂将"草乌"带回。数日后，其父李阿文发现药搞错了，马上找到门市部要求退换。该门市部以"中草药售出概不退换，何况又隔数日"为由拒绝退换。原告李阿文诉至该市某区人民法院。请分析：该买卖合同是属于什么性质的合同？为什么？

**案例分析**

该合同是可变更、可撤销合同。因为根据我国合同法第54条1款"下列合同，当事人一方有权请求人民法院或仲裁机构变更或撤销：（一）因重大误解而订立的……"的规定，该合同是因对合同标的的重大误解而订立的合同，因而合同是可变更、可撤销合同。

课堂随笔

# 4.4 合同的履行与担保

## 4.4.1 合同的履行的概念及原则

### 1. 合同的履行的概念

合同的履行是指合同的当事人按照合同的约定，全面完成各自应承担的合同义务，使合同关系得以全部终止的整个行为过程。

### 2. 合同的履行的原则

（1）实际履行的原则。

（2）全面履行的原则。

（3）诚实信用的原则。

## 4.4.2 合同的履行的规则

当事人就有关合同内容没有约定或约定不明确，可以协议补充，不能达成补充协议的，按合同有关条款或者交易习惯确定，仍不能确定的，适应表 4-8 的规定。

表4-8 合同约定不明确时的履行规则

| | |
|---|---|
| 履行质量条款不明的 | 按照国家标准，行业标准履行，没有国家标准行业标准的，按照通常标准或符合合同目的的特定标准履行 |
| 价格、报酬条款约定不明的 | 按照订立合同时履行地的市场价格履行，依法应当执行政府定价或政府指导价的，按照规定履行 |
| 履行地点约定不明的 | 给付货币的，在接受货币一方所在地履行；交付不动产的，在不动产所在地履行；交付其他标的的，在履行义务一方所在地履行 |
| 履行期限约定不明的 | 债务人可以随时履行，债权人也可以随时要求债务人履行，但应当给对方必要的准备时间 |
| 履行方式约定不明的 | 按照有利于实现合同目的的方式履行 |
| 履行费用的负担约定不明的 | 由履行义务一方负担 |

## 4.4.3 合同担保

1. 合同担保的概念

合同担保是指当事人为确保合同的切实履行，依照法律规定或当事人约定而采取的具有法律约束力的保证措施。

2. 合同担保的方式

根据《中华人民共和国担保法》的规定，在借贷、买卖、货物运输、加工承揽等经济活动中，债权人需要以担保方式保障其债权实现的，可以设定保证、抵押、质押、留置和定金五种方式。



（1）保证。

① 保证的概念。保证是指第三人和债权人约定，当债务人不履行合同规定的债务时，第三人按照合同约定，履行合同义务或承担责任的一种担保方式。保证属于人保，是以保证人本人的信誉和不特定的财产提供担保。

② 保证的形式。保证人与债权人应当以书面形式订立保证关系。其中债权人是指主合同的债权人，保证人是为被保证人（主合同的债务人）提供保证的人，是主合同以外的第三人。

③ 保证人的担保能力。保证人必须是具有代为清偿债务能力的法人、其他组织或者公民。以下单位不能成为保证人：第一，国家机关，但经国务院批准使用外国政府或者国际经济组织贷款进行转贷的除外；第二，学校、幼儿园、医院等以公益为目的的事业单位、

社会团体；第三，企业法人的分支机构、职能部门，但企业法人的分支机构有法人书面授权的，可以在授权范围内提供保证。

④ 保证的方式。一般保证，是指当事人在保证合同中约定，债务人不能履行债务时，由保证人承担保证责任的一种保证方式。一般保证的保证人在主合同纠纷未经审判或者仲裁，并就债务人财产依法强制执行仍不能履行债务前，对债权人可以拒绝承担保证责任。

所谓连带责任保证，是指债务人在主合同规定的履行期届满而没有履行债务的，债权人可以要求债务人履行债务，也可以要求保证人承担责任。当事人可以在保证合同中约定采取哪一种保证方式，如果当事人对保证方式没有约定或约定不明确的，则承担连带保证责任。

⑤ 保证期间。当事人可以在保证合同中约定保证责任的期限。一般保证的保证人与债权人未约定保证期间的，保证期间为主债务履行期届满之日起六个月。

连带责任保证未约定保证期间的，债权人有权自主债务履行期届满之日起六个月内要求保证人承担保证责任。

（2）抵押。

① 抵押的概念。是指债务人或第三人不转移财产的占有权，而将财产抵押作为债权的担保，当债务人不履行债务时，债权人有权依法以抵押财产折价或以拍卖、变卖抵押财产的价款优先受偿。

② 抵押物。债务人或者第三人以抵押形式提供担保的财产称为抵押物。抵押物虽然不转移对特定财产的占有，但该特定物必须是能够转移的财产。关于抵押物的规定如表 4-9 所示。

**表4-9　抵押物**

| | |
|---|---|
| **可作担保物的财产** | （1）抵押人所有的房屋和其他地上定着物<br>（2）抵押人所有的机器、交通运输工具和其他财产<br>（3）抵押人依法有权处分的国有土地使用权、房屋和其他地上定着物<br>（4）抵押人依法有权处分的国有机器、交通运输工具和其他财产<br>（5）抵押人依法承包并经发包方同意抵押的荒山、荒沟、荒丘、荒滩等荒地的土地使用权<br>（6）依法可以抵押的其他财产 |
| **不可作担保物的财产** | （1）土地所有权<br>（2）耕地、宅基地、自留地、自留山等集体所有的土地使用权<br>（3）学校、幼儿园、医院等以公益为目的的事业单位、社会团体的教育设施、医疗卫生设施和其他社会公益设施<br>（4）所有权、使用权不明或者有争议的财产<br>（5）依法被查封、扣押、监管的财产<br>（6）依法不得抵押的其他财产 |

③ 抵押合同的形式和生效。抵押由抵押人和债权人以书面形式签订抵押合同。抵押人为债务人或第三人，债权人为抵押权人。对于某些特定财产的抵押，抵押合同自登记之日起生效。如土地使用权的抵押，船舶、车辆的抵押。以不需要登记的财产作抵押的，可以自愿办理抵押物登记，抵押合同自签订之日起生效。当事人未办理抵押物登记的，不得对抗第三人。

④ 抵押权的实现。当债务人不履行债务的，债权人有权依法以该抵押物折价或者以拍卖、变卖该财产的价额优先受偿。同一财产向两个以上债权人抵押的，拍卖或变卖的价款按以下规定清偿：抵押合同已登记生效的，按照抵押物登记的先后顺序清偿；顺序相同的，按照债权比例清偿。抵押合同自签订之日起生效的，按前述规定清偿；未登记的，按照合同生效的先后顺序清偿，顺序相同的，按照债权比例清偿。抵押物已登记的先于未登记的受偿。

（3）质押。

① 质押的概念。

质押是指债务人或者第三人将其动产移交债权人占有，将该动产作为债权的担保。债务人不履行债务时，债权人有权依法以该财产折价或者以拍卖、变卖该动产的价款优先受偿。该债务人或者第三人为出质人，债权人为质权人，移交的动产为质物。

② 质押的形式。

质押的形式包括动产质押和权利质押。具体规定如表 4-10 所示。

**表4-10　质押的形式**

| | |
|---|---|
| **动产质押** | 债务人或者第三者将其动产移交债权人占有，以该动产作为债权的担保。当债权人不履行债务时，债权人有权依法，以该动产折价或者以拍卖、变卖该动产的价款优先受偿 |
| **权利质押** | （1）汇票、支票、本票、债券、存款单、仓单、提单<br>（2）依法可以转让的股份、股票<br>（3）依法可以转让的商标专用权，专利权、著作权中的财产权<br>（4）依法可以质押的其他权利 |

③ 质押合同的形式和生效。质押应由质押人与债权人（质押权）人签订书面合同。自质物移交债权人占有时生效。以股票、股份、商标专用权以及专利权、著作权中的财产权出质的，应当向有关部门办理出质登记，质押合同自登记之日起生效。

④ 质押权的实现。债务人不履行债务的，债权人有权依法以该动产和权力折价或者以拍卖、变卖该财产或权利的价额优先受偿。

（4）留置。

① 留置的概念。债权人按照合同约定占有债务人的动产，债务人不按照合同约定的期限履行债务，债权人有权依法扣留并处置该财产，并以该财产折价或者以拍卖、变卖该财产的价款优先受偿的担保方式。

② 留置的适用。留置是一种法定担保方式，在符合法律规定的条件时，无须债权人和债务人达成协议，债权人即可行使留置权。根据法律规定，留置担保只限于法律有明文规定的保管合同、运输合同、加工承揽合同的范围内行使。

③ 留置的实现。留置后应在不少于两个月的期限内履约，逾期仍不履约的，可以将留置物折价，也可拍卖、变卖留置物，变卖后，价款超过债权部分归债务人所有，不足部

分由债务人清偿。

（5）定金。

① 定金的概念。定金是指合同当事人为了证明合同的成立和保障合同的履行，预先付给对方一定数量的货币。

② 定金的形式和生效。定金应以书面形式约定，定金合同自实际交付定金之日起生效。

③ 定金的数额。定金的数额由当事人约定，但不得超过主合同标的额的 20%。

④ 定金的效力。定金在当事人不履行合同时，适用定金罚则。即给付定金的一方不履行合同，无权要求返还定金；接收定金的一方不履行合同，应当双倍返还定金。

**案例 4-3**

某乡镇企业为购买设备，向银行贷款 30 万元，企业以自有工具车一辆作抵押（评估价 10 万元），另由乡财政所作保证。贷款到期后，企业仅归还 15 万元，其余贷款及利息无法偿付，为此，银行向法院提起诉讼，要求乡财政所承担连带清偿责任。

请分析：

（1）乡财政所是否应承担连带责任？为什么？

（2）法院对此案应如何处理？

（3）如果保证人不是乡财政所，而是 B 公司，但保证方式没有约定，该案应当如何处理？

**案例分析**

（1）乡财政所不应承担连带责任，因为按照规定：国家机关和以公益为目的的事业单位、社会团体不得违反法律规定提供担保。

（2）人民法院先对企业抵押的工具车拍卖或变卖，以偿付银行贷款；不足清偿的部分，企业通过其他方式继续清偿。

（3）保证人是 B 公司，B 公司应承担连带保证责任。

课堂随笔

## 4.5 合同的变更、转让、解除和终止

### 4.5.1 合同的变更

1. 合同变更的概念

广义的合同变更，包括合同内容的变更与合同主体的变更。前者是指当事人不变，合同

的权利义务予以改变的现象。后者是指合同关系保持同一性，仅改换债权人或债务人的现象。

狭义的合同变更是指在合同成立后、但尚未履行前或尚未完全履行以前，当事人不变更而变动合同内容情况。例如标的物的增减，质量标准的调整、价款或酬金的变动，履行期限、地点、方式的改变等。

2. 合同变更的条件和程序

合同变更的条件：① 原已存在着合同关系；② 合同内容发生变化；③ 须有当事人协议或法院、仲裁机构的裁决；④ 须遵守法律要求的方式。

合同变更的程序：合同变更除法律规定的变更和人民法院依法变更外，主要是当事人协议变更。当事人变更合同的合意本身就是合同，因此，合同变更适用合同法关于要约和承诺的规定。希望变更合同内容的一方首先向对方提出变更合同的要约，该要约应包括希望对合同的哪些条款进行变更，如何变更，需要增加、补充哪些内容。对方收到后予以研究，如果同意，以明示的方式答复对方，即为承诺；如果不同意，或部分同意部分不同意，也可以提出自己的修改、补充意见，这样双方经过反复协商直至达成一致。

### 4.5.2 合同的转让

1. 合同转让的概念

合同转让，即合同权利义务的转让，在习惯上又称为合同主体的变更，也就是在不变更内容的前提下，当事人一方将合同的权利或义务全部或部分转让给第三人。合同转让包括债权转让、债务转让和债权、债务同时转让三种。

2. 合同转让的条件

合同合法有效是合同转让的基础和前提条件。另外，法律还对债权转让、债务转让和债权、债务同时转让规定了不同的条件。如表 4-11 所示。



表4-11 合同转让的条件

| | |
|---|---|
| 债权转让的条件 | （1）转让的债权须有可让与性<br>（2）转让合同不得以牟利为目的<br>（3）债权人与受让人须达成债权转让协议<br>（4）债权转让必须通知债务人 |
| 债务转让的条件 | （1）须有有效的合同存在<br>（2）债务本身具有可转移性<br>（3）必须征得债权人的同意<br>（4）转让人与受让人达成合法有效的协议 |
| 债权、债务同时转让 | 当事人一方将自己在合同中的权利和义务一并转让给第三人，须经对方同意 |

### 4.5.3 合同的解除

1. 合同解除的概念

合同解除是指合同订立后，尚未全部履行前，当事人根据法律规定或合同约定的条件，提前终止合同，使合同关系归于消灭。

2. 合同解除的条件

合同解除发生在两种情况下：一是发生了约定解除合同的条件，一方当事人行使的协议解除权；二是出现了法律规定解除合同的法律事实，一方当事人行使的是单方解除权，合同解除的具体条件如下：

（1）因不可抗力致使不能实现合同目的。

（2）在履行期限届满之前，当事人一方明确表示或者以自己的行为表明不履行主要债务。

（3）当事人一方迟延履行主要债务，经催告后在合理期限内仍未履行。

（4）当事人一方迟延履行债务或者有其他违约行为致使不能实现合同目的。

（5）法律规定的其他情形。法律针对某些具体合同规定了特别法定解除条件的，从其规定。

3. 合同解除的程序

合同解除的程序，依双方是协议解除还是单方解除而有所不同。

双方协议解除合同适用的是合同订立的程序。当事人解除合同的协议，应采用书面形式，在解除协议未达成以前，原合同仍然有效。

单方解除合同的程序适用的是通知送达程序。即享有合同解除权的一方当事人，应当将解除合同的意思以书面形式及时通知对方，自解除合同意思通知到达对方时即发生解除效力。

### 4.5.4 合同的终止

1. 合同的终止的概念

合同的终止指合同当事人双方在合同关系建立以后，因一定的法律事实的出现，使合同确立的权利义务关系消灭。

2. 合同的终止的条件

有下列情形之一的，合同的权利义务终止：

（1）债务已经按照约定履行。

（2）合同解除。

（3）债务相互抵消。

（4）债务人依法将标的物提存。

（5）债权人免除债务（债权人免除债务人部分或全部债务的，合同部分或全部终止）。

（6）债权债务同归于一人（但涉及第三人利益的除外）。

（7）法律规定或当事人约定终止的其他情形。

合同终止后，当事人应当遵循诚实信用的原则，根据交易习惯履行通知、协助、保密等义务。

**案例 4-4**

2008 年 1 月，我国 A 公司与国外 B 公司签订一份产地交货合同，出售新鲜荔枝 10 吨，价值 15 万美元。合同规定买方必须在同年 5 月 25 日至 31 日之间派冷藏集装箱车到产地接运货物。提货期已到，A 公司虽多次去电、去函催促对方派车接货，但直至 6 月 7 日仍未见对方派车接货，于是 A 公司在 6 月 8 日向买方宣告解除合同，并将这批新鲜荔枝卖给另一买主，得款只有 10 万美元。同时我国 A 公司向 B 公司提出索赔。B 公司答复：A 公司已宣告解除合同，无权再根据该合同要求索赔。

请分析：

（1）根据我国合同法规定，A 公司是否有权解除合同？为什么？

（2）根据我国合同法的规定，A 公司向 B 公司提出解除合同后，是否有权提出索赔？为什么？

**案例分析**

（1）根据我国合同法，A 公司有权解除合同。因为根据我国合同法第 94 条第 1 款“有下列情形之一的，当事人可以解除合同，（三）当事人一方迟延履行主要债务，经催告后在合理期限内仍未履行”的规定，A 公司解除合同符合法律规定。

（2）A 公司解除合同后，有权提出索赔。因为根据我国合同法第 97 条规定“合同解除后，尚未履行的，终止履行；已经履行的，根据履行情况和合同性质，当事人可以要求恢复原状、采取其他补救措施，并有权要求赔偿损失”的规定，A 公司有权提出索赔。

课堂随笔



# 4.6 违反合同的法律责任

## 4.6.1 违反合同的法律责任的概念

违反合同的法律责任是指合同的当事人由于自己的过错不履行合同，或履行合同义务不符合约定的，依照法律规定或合同约定必须承担的法律责任，也称违约责任。

规定违约责任的目的在于借助国家强制力保障合同的效力，督促当事人全面履行合同，保护当事人的合法权益，维护社会的经济秩序。

## 4.6.2 承担违约责任的原则和条件

### 1. 承担违约责任的原则

（1）过错责任原则。

过错责任是指在出现违反事实的情况下，违约人仅在主观上有过错时才承担违约责任。以违约方的过错作为确定违约责任的根据。包含下列两个方面的内容：① 违约责任由有过错的当事人承担。一方合同当事人有过错的，由该方自己承担；双方都有过错的，由双方分别承担。② 无过错的违约行为，不负违约责任。

（2）赔偿实际损失原则。

是指违约方支付的赔偿额相当于因违约所造成的实际损失。实际损失包括直接损失和间接损失。直接损失是指因为违反合同约定而造成财产实际的减少、灭失、毁损或支出的增加，如运输中的货物毁损，运输费、保管费增加等。间接损失是指合同履行后可以得到的预期利益。如，乙方未及时供应原料而造成甲方暂时停产而引起的利润损失。

### 2. 承担违约责任的条件

承担违约责任，应具备以下条件：

（1）有违约事实。

违约事实就是指当事人有不履行合同义务或履行合同义务不符合约定的行为，是当事人承担违约责任的客观条件。① 不履行合同义务是指合同义务到了履行期但当事人根本不履行义务，如不按合同规定的时间交付货物或价款；② 履行合同义务不符合约定是指当事人虽然有履行合同的行为，但是没有按照合同的约定履行，如延迟履行，或虽如期履行但是数量不足、规格不符、履行地点有错误等。

（2）当事人主观有过错。

过错是当事人不履行或不适当履行合同的心理状态，分故意和过失两种。

故意是指当事人明知自己的行为可能引起合同履行或不适当履行的后果，而有意追求和放任这种结果的发生。如供电方有意借故断电致使用电方难以生产，卖方明知产品不合格仍向买方供货。

过失是指当事人应当预见自己的行为会引起合同不履行或不适当履行的后果，而由于疏忽未能预见或虽然预见到了却自信其不会发生，以致造成这种结果的发生。如货物运输部门对车辆不及时维修，导致车祸，使货物灭失等。

## 4.6.3 承担违约责任的主要形式

根据合同法等法律有关规定，违约方承担的违约责任形式或者采取的其他补救措施主要有以下几种：

（1）支付违约金。

（2）损害赔偿。

（3）继续履行。

（4）定金责任。

（5）价格处罚。

（6）解除合同。

（7）其他责任或者补救措施。

### 4.6.4 违约免责

1. 违约免责的概念

违约免责是指违约当事人在法律规定或双方约定的情况出现时，不承担违约责任。

2. 违约免责的条件

（1）发生了不可抗力。

不可抗力，是指不能预见、不能避免并不能克服的客观情况。

**知识链接**

不可抗力主要包括以下几种情形：（1）自然灾害，如台风、洪水、冰雹；（2）政府行为，如征收、征用；（3）社会异常事件，如罢工、骚乱。

**小贴士**

在不可抗力的情况下，违约当事人应尽的法定义务有哪些？

（1）应当把因不可抗力事件而不能履行合同的情况及时通知另一方，以减轻可能对另一方造成的损失。

（2）应当在合理期限内提供有关部门出具的证明。

（3）受不可抗力影响的当事人还应当采取一切可能的有效措施，尽量避免或减少损失。

（2）其他的免责事由。

除了不可抗力作为法定免责事由外，在合同分则中个别条款也规定了个别免责条款。如在货物运输合同中，由于货物本身的自然性质和合理损耗以及托运人、收货人的过错而造成货物损失的，承运方不承担违约责任。此外，在仓储合同中，因仓储物包装不符合约定，或者超过有效仓储期造成仓储物变质、损坏的，仓储保管人不承担责任。

案例4-5

某市副食品批发公司（被告）欲购买该市某区海产品批发公司（原告）的海产品，2005年5月20日被告经理胡某打电话给原告负责人周某，请周某寄来一份价目表。同年5月28日，胡某收到一份价目表，其中载明带鱼单价每千克18元，黄鱼单价每千克23元。胡某遂于当日与周某电话联系，称愿购买带鱼和黄鱼各2万千克，但带鱼价应降至每千克15元，黄鱼价应降至每千克20元，周某称："价目表规定的价格一律不能变，但由于贵公司要的量大，可以考虑降价，但需要研究后答复"。次日胡某给周某正式发去函电，称"带鱼每千克15元，黄鱼每千克20元，各要2万千克，可在一周内答复。如无异议，一周后正式签订合同。6月份分批交货"。3天后，有另一家渔业公司向被告推销海产品，胡某认为带鱼、黄鱼等价格合理，遂决定向该公司购买，双方订立了正式合同。同年6月4日，周某给胡某打来电话，称同意按胡某提出的价格出售，并已备齐带鱼、黄鱼各1万千克，准备交货。胡某回复已与他处订立合同，故不必发货。双方发生争议，周某认为被告已构成违约，遂向法院提起诉讼，请求被告实际履行并赔偿损失。

请分析：

（1）原告应被告的要求给被告寄送价目表的行为属于要约还是要约邀请？

（2）被告提出"可在一周内答复"，是不是对承诺期限所作的规定？

（3）被告是否应承担责任？承担什么责任？为什么？

案例分析

（1）原告应被告的要求给被告寄送价目表的行为属于要约邀请。

（2）被告提出"可在一周内答复"，是对承诺期限所作的规定。

（3）被告应承担法律责任。应承担缔约过失责任。因为被告向原告发出了要约，并要求原告在一周内答复，原告则在一周内答复同意被告的要约，但由于被告发出的要约中有订立正式合同的意思表示，因此可推定双方是以合同书形式来订立合同的，根据我国合同法第32条的规定，当事人采用合同书形式订立合同的，自双方当事人签字或者盖章时合同成立，因此虽然承诺已送达被告，但合同未成立生效，不过原告如果因为订立本合同而遭受到损失的，原告可要求被告承担缔约过失 责任。

课堂随笔

**本章实训**

## 一、实训目标

通过教学，使学生了解合同法相关知识，培养学生具有运用所学知识解决具体案例，以及具有依法起草和签订各类商事合同，处理合同履行过程中出现的各种争议的能力。

## 二、实训步骤

（1）针对基础理论学习内容，由教师提出问题：

① 合同的主要条款；② 合同订立的方式；③ 合同生效的时间和生效地点；④ 合同的担保方式；⑤ 合同违约责任方式。

（2）根据市场实际收集案例、实例。

（3）学生分组对收集的案例、实例进行分析讨论。

（4）模拟签订一份买卖合同。

## 三、实训注意事项

（1）教师要引导学生积极进行案例和实例的收集和讨论。

（2）引用典型案例，培养和提高学生的学习兴趣和实际应用能力。

（3）模拟签订一份买卖合同时，学生分为买方和卖方两组，买方提出要求，卖方应答。协商一致后进行买卖合同的起草和签订。

### 思考与练习

## 一、填空题

1．根据合同成立是否需要实际交付实物分为________合同和________合同。

2．当事人订立合同，可以采取________、________和其他形式。

3．当事人订立合同，应当具有相应的________能力和________能力。

4．订立合同的一般程序包括________和________两个阶段。

5．我国合同法第 22 条规定：承诺应当以________的方式作出。

6．根据《担保法》的规定，在借贷、买卖、货物运输、加工承揽等经济活动中，债权人需要以担保方式保障其债权实现的，可以设定________、________、________、________和________五种方式。

7．根据符合法律规定的条件不同，可以将合同的效力分为________、________、________及________四类。

8．定金的数额一般由当事人约定，但不得超过主合同标的额的________。

## 二、单项选择题

1．我国合同法调整的关系有（　　）。

A．婚姻关系　　B．收养关系　　C．监护关系　　D．财产关系

2．我国合同法规定属于实践合同的有（　　）。

A．买卖合同　　B．委托合同　　C．保管合同　　D．借贷合同

3．合同是平等主体的自然人、法人、其他组织之间设立、变更、终止（　　）关系的协议。

A．行政权力义务　　B．经济权利义务　　C．刑事权利义务　　D．民事权利义务

4. 甲和乙合作开办了宏都干洗店，丙将一件皮衣拿到干洗店清洗，交给正在营业中的甲，并向甲交付清洗费 100 元。该合同关系的主体是（　　）。

A. 甲和丙　　B. 乙和丙　　C. 甲、乙和丙　　D. 宏都干洗店和丙

5. 合同的订立必须要经过（　　）两个法定阶段。

A. 起草和抄写　　B. 意思和表示　　C. 要约和承诺　　D. 协商和谈判

6. 合同成立的根本标志即在于当事人的意思表示一致，它是指（　　）。

A. 合同当事人完全相同的缔约目的

B. 合同的当事人必须就合同的主要条款已作出了一致的意思表示

C. 虽未合意但已有协议

D. 当事人对合同的次要条款或者非必要条款业已达成协议

7. 甲公司出售一批衬衫，每 12 件装一个箱，乙公司向甲公司发电报订购 1200 件，甲公司回电告知单价，并说有充足现货，一个月内保证可以到货。乙公司复电："此价格可以，但请将 12 件装一纸箱的包装改为 10 件一箱的包装。"甲公司收到乙公司的电报后没有回电。一个月后，乙公司去甲公司提货，甲公司说，双方意思表示不一致，合同没有成立，故他们没有任何责任。综上所述，下列提法正确的是（　　）。

A. 根据合同意思表示真实的要求，此合同没有成立

B. 乙公司的要求改包装的电报只能是反要约

C. 只有合同的全部条款完全一致，合同才能成立

D. 只要合同的主要条款一致，合同就能成立，故此合同成立

8. 我国合同法规定：合同成立的地点是（　　）。

A. 合同签订地　　B. 合同承诺生效地

C. 当事人户籍所在地　　D. 当事人主营业地

9. 下列情形中属于效力待定合同的有（　　）。

A. 10周岁的少年出售劳力士金表给40岁的李某

B. 5周岁的儿童因发明创造而接受奖金

C. 成年人甲误将本为复制品的油画当成真品购买

D. 出租车司机借抢救重病人急需租车之机将车价提高10倍

10. 某甲的儿子患重病住院，急需用钱又借贷无门，某乙趁机表示愿意借给 2000 元，但半年后须加倍偿还，否则以甲的房子代偿，甲表示同意。根据合同法规定，甲、乙之间的借款合同（　　）。

A. 因显失公平而无效　　B. 因显失公平而可撤销

C. 因乘人之危而无效　　D. 因乘人之危而可撤销

11. 违反国家利益和社会公共利益的合同，非故意一方已经从对方取得或约定取得的财产，应（　　）。

A．归人民法院所有　　B．归非故意一方所有

C．收归国库所有　　D．返还对方

12.《担保法》规定了合同担保的五种方式，其中一种是指债务人或第三人不转移对其确定的财产的占有，将该财产作为债权的担保。该种担保方式是（　　）。

A．抵押　　B．质押　　C．留置　　D．保证

13．合同的转让就是合同的（　　）。

A．主体的变更　　B．客体的变更

C．内容的变更　　D．全部基本条款的变更

14．凡发生下列情况之一的，允许解除合同（　　）。

A．法定代表人变更

B．当事人一方发生合并、分立

C．由于不可抗力致使合同不能履行

D．作为当事人一方的公民死亡或作为当事人一方的法人终止

15．合同权利义务的终止是指（　　）。

A．合同的变更　B．合同的消灭　C．合同效力的中止　D．合同的解释

## 三、判断题

1．按照当事人取得权利是否以偿付为代价，合同可分为有偿合同无偿合同。（　　）

2．买卖合同、运输合同等属于单务合同。（　　）

3．要约可以撤回。撤回要约的通知应当在要约到达受要约人之前到达受要约人。（　　）

4．债务人将合同的义务全部或者部分转移给第三人的，不必经债权人同意。（　　）

5．合同的权利义务终止，不影响合同中结算和清理条款的效力。（　　）

## 四、名词解释

1．合同　2．要约　3．合同担保　4．抵押　5．质押

6．留置　7．不可抗力　8．合同解除

## 五、简答题

1．合同法确立了哪些基本原则？

2．合同应当具备哪些主要条款？

3．合同的效力分哪几种？

4．无效合同的种类有哪些？对于无效合同应如何处理？

5．合同解除的条件和程序是什么？

6．什么是合同担保？合同有哪几种担保方式？

7．什么是违约责任？承担违约责任的形式有哪些？

8．我国合同法具体包括哪些有名合同？

## 六、案例分析题

1. 市甲公司从报纸上看到乙公司登载的一则广告，介绍本公司生产的新型电热炉具，价格为每台 250 元，多购可以优惠。正好本市市场上这种新型炉具紧俏，当即发电报给乙公司，电文为："欲购买你公司电热炉具 1000 台，如价格能降 10%，则购买 2000 台，货到后验收合格即付款。"乙公司收到电报后，回电称："同意降价 10%，但现在本公司存货只有 1000 台，可以立即发运；另 1000 台 1 个月后发运。"甲公司收到电报后未作答复，乙公司即派销售员李某将 1000 台电热炉具运往 A 市。李某将货物送到甲公司，甲公司验收合格后以每台 225 元的价格支付了货款。李某告知甲公司由于本公司加紧生产，另外 1000 台电热炉具可以在 10 日内运到，请甲公司做好接货准备。甲公司当即回答本公司已经从其他渠道购入了 1000 台同类电热炉具，不再需要另外 1000 台电热炉具。李某立即回公司报告此情况，乙公司认为甲公司不能擅自违约，决定按时发运第二批 1000 台电热炉具，仍由李某押运。第二批电热炉具运到甲公司，甲公司拒绝接收。李某无奈，将该批炉具存入 A 市某仓储公司仓库后，立即赶回公司请示处理办法。当夜天降百年罕遇的大雨，仓储公司仓库的屋顶被雨浸泡漏水，电热炉具打火系统受潮，不能使用。

请根据《合同法》回答下列问题：

（1）甲乙两公司之间的电热炉具合同是否已经成立？为什么？

（2）甲公司交运的第二批炉具不能使用的损失应当如何承担？为什么？

2. 2007 年 8 月 5 日上午，某客运公司的长途客车上的检票员发现甲、乙、丙 3 人没有买票，于是让其补票。三人蛮不讲理，司机说："你们没有买票，我们就可以把你们赶下车，干嘛那么多废话。"三人听后，感到害怕，其中甲、乙马上就补了票，但丙由于身上没带钱，央求司机把他带到某某站。检票员不同意，把丙赶下车。当日下午 1 点，售票员发现客人太多，已经超员 5 人，于是便拒载后来的客人。丁由于有急事，央求上车，售票员说："客车运输不能超载，出了问题，我们要负责任的。"丁说："出了问题，我负责。不管什么问题，我都一人负责。"售票员无奈便让其上了车，还说："出了问题可由你一人全部负责！"下午 3 点，售票员发现戊某携带危险品，便随之把危险品拿到车下销毁。戊坚决反对。售票员说："要么你拿着危险品下车，要么让我销毁。"后来，由于拥挤，王某把孕妇赵某挤得流产了。

请分析：

（1）乘车人甲、乙、丙 3 人没买票，售票员可否把其赶下车？

（2）由于丙身上没带钱，售票员最终还是把他赶下车？是否合法？为什么？

（3）售票员是否有权销毁旅客携带的危险品？为什么？

（4）对于赵某的流产，王某是否应负责？为什么？

（5）对于赵某的流产，售票员和其运输公司是否应承担责任？

（6）设检票员未把丙赶下车，在赶往某某站的途中，由于司机突然刹车致丙倒地重伤，谁应对丙的损失负责？

# 第5章

# 工业产权法律制度

**学习目标**

（1）了解工业产权的概念和基本特征。

（2）了解申请专利和商标注册的基本程序。

（3）掌握专利申请人、专利权人、专利权客体等概念和授予专利权的条件。

（4）掌握商标注册的有关内容。

（5）明确注册商标的续展、转让和使用许可。

（6）了解对侵犯工业产权行为的处罚。

**任务描述**

了解和熟悉我国工业产权法律制度，正确行使工业产权，具有解决保护工业产权过程中出现的各种法律问题的能力。

**导入案例**

某地方国有企业，专门从事奶制品加工，最近购买了新的机器设备，准备生产奶酪，该厂销售部门建议使用“花牛”商标，有人反对说：“花牛”商标是内蒙古牛奶厂的注册商标，不能随便使用。赞成的人则说，他们在牛奶食品上使用，我们在奶酪食品上使用，互不影响。

**案例思考**

请分析：该厂能否在奶酪食品上使用“花牛”商标？为什么？

随着社会经济中竞争程度的不断加剧，人们对无形资产的开发和利用已成为提高经济效率，降低生产成本的重要途径。了解和熟悉我国工业产权法律制度，正确行使工业产权，合理利用和保护自己的合法权益，是现代经济的一项重要特征。

# 5.1 工业产权法概述

## 5.1.1 工业产权的概念和特征

1. 工业产权的概念

工业产权，是指人们依法对应用于商品生产和流通中的创造发明和显著标记等智力成果，在一定地区和期限内享有的专有权。在我国，工业产权主要是指商标专用权和专利权。

**知识链接**

按照《保护工业产权巴黎公约》的规定，工业产权包括发明、实用新型、外观设计、商标、服务标记、厂商名称、货源标记、原产地名称以及制止不正当竞争的权利。

2. 工业产权的特征

工业产权与版权，统称为知识产权。工业产权属于无形财产权，与有形财产权相比具有以下特征。

（1）专有性。

工业产权的專有性是指国家赋予专利权人和商标专用权人，在有效期内对其专利和商标享有的独占、使用、收益和处分的权利。未经权利人许可，任何第三人皆不得使用，否则，即构成侵权。

（2）地域性。

所谓工业产权的地域性是指工业产权的地域限制，即一个国家法律所确认和保护的工业产权，只在该国范围内有效，对其他国家不发生效力，即不具有域外效力。如想获得该国的保护，必须依照该国的法律取得相应的知识产权或根据共同签订的国际条约取得保护。

（3）时间性。

所谓工业产权的时间性是指工业产权的时间限制，即工业产权的保护是有一定期限的，这也就是工业产权的有效期。法律规定的期限届满，工业产权的专有权即告终止，权利人即丧失其专有权，这些智力成果即成为社会财富。

### 5.1.2 工业产权法及立法概况

工业产权法的概念

是调整因确认、保护、转让和使用工业产权而发生的各种社会关系的法律规范的总称。

**知识链接**

我国对工业产权的保护，在改革开放之后进入了崭新阶段。1983年制定实施《商标法》（该法1992年第一次修订、2001年第二次修订），1985年实施《专利法》（1992年、2000年两次修订），1993年实施《企业名称登记管理条例》，1993年实施《反不正当竞争法》，1997年实施《植物新品种保护条例》，通过这一系列法律法规的颁布施行，我国建立了较为健全的国内法体系。 在健全国内法体系的同时，我国不断参加知识产权保护的国际公约。1980年加入《世界知识产权组织公约》，1985年加入《保护工业产权巴黎公约》，1989年加入《商标国际注册马德里协定》，1995年加入《罗马公约》，1994年加入《专利合作公约》。随着2001年我国加入世贸组织，《与贸易有关的知识产权协定》(Trips)开始在我国适用，这就意味着我们在更大范围内承担起相应的国际义务。

## 5.2 专利法

### 5.2.1 专利与《专利法》

1. 专利与专利权

专利即专利权，是指国家专利机关依法授予发明创造者或者其所在单位，在一定期限内对其发明创造享有的专有权。由于专利权的客体是一种发明创造，发明创造者或其所在单位取得对其发明创造的专有权，是通过国家专利机关发给的专利证书确认的。所以，通常也把取得专利权的发明创造和专利证书也称为专利。

2. 《专利法》

《专利法》是调整因确认和保护发明创造的所有权以及利用发明创造而产生的各种社会关系的法律规范的总称。

**知识链接**

《中华人民共和国专利法》于1984年颁布，1992年、2000年、2008年进行了三次修改。

## 5.2.2 专利法律关系

专利法律关系是指由《专利法》所确定和保护的社会关系，它由主体、客体和内容三要素构成。

1. 专利权的主体

（1）专利权的主体概念：专利权的主体即专利权人，是指依法享有提出专利申请和取得专利权并承担相应义务的人，包括专利权的所有人和持有人。

（2）专利权的主体类型：发明人或设计人的工作单位、发明人或设计人、共同发明人或者共同设计人和外国单位或外国公民。

① 发明人或设计人的工作单位。

企业事业单位、社会团体、国家机关的工作人员执行本单位的任务或者主要是利用本单位的物质条件所完成的职务发明创造，申请专利的权利属于该单位。

**知识链接**

执行本单位的任务是指：在本职工作中作出的发明创造；履行本单位交付的本职工作之外的任务所作出的发明创造；退职、退休或者调动工作后 1 年内做出的，与其在原单位承担的本职工作或者原单位分配的任务有关的发明创造。

利用本单位的物质条件是指：利用本单位的资金、设备、零部件、原材料或不向外公开的技术资料。

② 发明人或者设计人。

发明人或者设计人所完成的非职务发明创造是指既不是执行单位任务，也不是主要利用本单位的物质条件所完成的发明创造。非职务发明创造申请专利的权利属于发明人或者设计人，申请被批准后，该发明人或者设计人为专利权人。

发明人或者设计人一般具有以下特征：发明人或者设计人为自然人；发明人或者设计人的认定不受其民事行为能力的限制；发明人或者设计人必须是对发明创造的实质性特点作出创造性贡献的人。

③ 共同发明人或者共同设计人。

两个以上单位或者个人合作完成的发明创造为共同发明创造。如果一项发明创造是几个人做出的，该发明创造属于各个发明人。一个单位或者个人接受其他单位或者个人委托所完成的发明创造，除另有协议的以外，申请专利的权利属于完成或者共同完成的单位或者个人；申请被批准后，申请的单位或者个人为专利权人。

④ 外国单位或外国公民。

外国单位或外国公民，依法向中国申请专利获得批准，专利权归外国单位或者外国公民。其申请和取得专利权，应按以下情况办理：在中国有经常住所或营业场所，享受国民待遇；没有经常住所或营业场所的，依其所属国与中国签订的协议或者共同参加的国际公约，或互惠原则。

外国人在中国申请专利和办理其他专利事务时，应当委托中华人民共和国国务院指定的专利代理机构办理。

2. 专利权的客体

专利权的客体，即《专利法》保护的对象，是指发明人、设计人依法可以取得专利权的发明创造。我国《专利法》所称的发明创造包括发明、实用新型和外观设计。

（1）发明。

发明是指对产品、方法或者其改进所提出的新的技术方案，包括产品发明和方法发明。

产品发明是指经过人加工制造的具有特定性质或用途的物体的发明，例如制造某种物品，使某种产品有新的用途。

方法发明是指制造某种物质或解决某种技术问题的方法的发明，包括制造方法的发明和应用方法的发明。

（2）实用新型。

实用新型是指对产品的形状、构造或者其结合所提出的实用的新的技术方案。实用新型和发明一样，也是一种利用自然规律所作出的新的技术方案，但实用新型仅指具有一定形状的物品发明，其创造性和发明相比也小，通常被称为小发明。

（3）外观设计。

外观设计是指对产品的形状、图案、色彩或者其结合所作出的富有美感并适于工业上应用的新设计。外观设计只涉及美化产品的外表和形状，不涉及产品的制造和设计技术。

**知识链接**

对违反国家法律、社会公德或者妨碍公共利益的发明创造不授予专利权。除此之外，我国《专利法》第25条规定，对下列各项，不授予专利权：（1）科学发现；（2）智力活动的规则和方法；（3）疾病的诊断和治疗方法；（4）动物和植物品种；（5）用原子核变换方法获得的物质。

3. 专利权的内容

专利权的内容是指专利权人在专利有效期间内享有的法定权利和承担的法定义务。

（1）专利权人的权利。如表 5-1 所示。

表5-1 专利权人的权利

| | |
|---|---|
| 独占权 | 即自己享有制造、使用、销售、许诺销售和进口其专利产品或者使用其专利方法的行为 |
| 阻止权 | 未经专利权人许可，任何单位或者个人，都不得实施其专利，即不得为生产经营目的制造、使用或者销售其专利产品，或者使用其专利方法 |
| 许可权 | 专利权人有权准许他人以生产经营为目的的制造、使用、销售其专利产品或使用其专利方法。专利权人许可他人实施其专利时，应与被许可人签订许可合同 |
| 转让权 | 专利权人有权将其专利权通过买卖、赠与等方式转移给其他单位或个人。专利权人转让专利权时应与受让人签订转让合同，经专利局登记和公告后才能生效 |
| 标记权 | 专利权人有权在其专利产品或该产品的包装上标明专利标记和专利号 |
| 请求权 | 对未经专利权人许可，又不属于法律规定的除外情形而实施其专利侵权行为的，专利权人或利害关系人可以请求专利机关予以处理，也可提请法院审理 |

（2）专利权人的义务。

① 不得滥用专利权的义务。

不得滥用专利权是指专利权人应当在法律所允许的范围内选择其利用专利权的方式并适度行使自己的权利，不得损害他人的知识产权和其他合法权益。

② 缴纳年费的义务。

专利权人应当自被授予专利权的当年开始缴纳年费。逾期不缴纳年费的，专利权即告终止。年费缴纳为一年一次。

## 5.2.3 专利权取得

1. 取得专利权的实质条件



发明、使用新型、外观设计并非自动成为《专利法》的保护对象，它们必须经专利行政部门审查，确认其符合《专利法》规定的条件，才能依法定程序取得专利权。

（1）发明、实用新型取得专利权的条件。

一项发明或者实用新型获得专利权应具备的实质条件是新颖性、创造性和实用性。

① 新颖性。新颖性是指在申请日以前没有同样的发明或者实用新型在国内外出版物上公开发表过、在国内公开使用过或者以其他方式为公众所知，也没有同样的发明或者实用新型由他人向国务院专利行政部门提出过申请并且记载在申请日以后公布的专利申请文件中。

**知识链接**

申请专利的发明创造在申请日以前6个月内，有下列情形之一的，不丧失新颖性：

（1）在中国政府主办或者承认的国际展览会上首次展出的。

（2）在规定的学术会议或者技术会议上首次发表的。

（3）他人未经申请人同意而泄露其内容的。

② 创造性。创造性是指同申请日以前已有的技术相比，该发明有突出的实质性特点和显著进步，该实用新型有实质性特点和进步。

③ 实用性。实用性是指该发明或者实用新型能够制造或者使用，并且能够产生积极效果。

（2）外观设计取得专利权的条件。

授予专利权的外观设计，应当同申请日以前在国内外出版物上公开使用过的外观设计不相同或不相近似，并不得与他人在先取得的合法权利相冲突。

2. 取得专利权的程序条件

（1）专利权的申请。

专利权的申请是指享有专利权的个人或单位向国家专利行政部门提出的请求授予其专利权的意思表示。

① 申请要求。申请发明或者实用新型专利的，应当提交请求书、说明书及其摘要和权利要求书等文件。申请外观设计专利的，应当提交请求书以及该外观设计的图片或者照片等文件，并且应当写明使用该外观设计的产品及其所属的类别。

② 申请日的确定。专利申请日是国务院专利行政部门收到专利申请文件的日期。确定专利申请日应当注意以下问题：如果申请文件是邮寄的，以寄出的邮戳日为申请日；专利申请人享有优先权的，以优先权日为申请日。

③ 申请的原则。如表 5-2 所示。

**表5-2 专利权申请的原则**

| | |
|---|---|
| 单一性原则 | 专利申请的单一性原则，是指一份专利申请文件只能就一项发明创造提出专利申请，即“一申请一发明”原则 |
| 先申请原则 | 先申请原则，是指两个或两个以上的人分别就同样的发明创造申请专利的，专利权授予先申请者 |
| 优先权原则 | 专利申请人就其发明创造自第一次提出专利申请后，在法定期限内，又就相同主题的发明创造提出专利申请的，根据有关法律规定，其在后申请以第一次申请的日期作为其申请日 |

（2）专利权的审查与批准。

① 初步审查。初步审查，又称形式审查。专利行政部门在受理发明专利申请后，应该对

该申请在形式上是否符合《专利法》的规定进行审查。专利行政部门在初步审查后，应将审查意见通知申请人，要求其在指定的期限内，陈述意见或者补正；申请人期满未答复的，其申请视为撤回。申请人陈述意见或者补正后，专利行政部门仍认为不符合《专利法》规定的形式要求的，应当予以驳回。

② 早期公开。专利行政部门经初步审查认为符合《专利法》要求的，自申请日起满18个月，即行公布。专利行政部门可以根据申请人的请求早日公布其申请。申请人请求早日公布其发明专利申请的，应当向专利行政部门声明。专利行政部门对该申请进行初步审查后，除予以驳回的外，应当立即将申请予以公布。

③ 实质审查。对发明专利申请的实质审查，是指对申请专利的发明的新颖性、创造性、实用性等实质要件进行审查。

发明专利申请自申请日起3年内，专利行政部门可以根据申请人随时提出的请求，对其申请进行实质审查；申请人无正当理由逾期不请求实质审查的，该申请即被视为撤回。同时，专利行政部门认为必要的时候，可以自行对发明专利申请进行实质审查，但应当通知申请人。

专利行政部门对发明专利申请进行实质审查后，认为不符合《专利法》规定的，应当通知申请人，要求其在指定的期限内陈述意见，或者对其申请进行修改；无正当理由逾期不答复的，该申请即视为撤回。发明专利申请经申请人陈述意见或者进行修改后，专利行政部门仍然认为不符合《专利法》规定的，应当予以驳回。

④ 批准与授予。发明专利申请经实质审查没有发现驳回理由的，由国家专利行政部门做出授予发明专利权的决定，发给发明专利证书，同时予以登记和公告。发明专利权自公告之日起生效；实用新型和外观设计专利申请经初步审查没有发现驳回理由的，由国务院专利行政部门作出授予实用新型专利权或者外观设计专利权的决定，发给相应的专利证书，同时予以登记和公告，实用新型专利和外观设计专利权自公告之日起生效。



（3）专利复查。

国务院专利行政部门设立专利复审委员会。专利申请人对专利行政部门驳回申请的决定不服的，可以自收到通知之日起3个月内，向专利复审委员会请求复审。专利复审委员会复审后，作出决定，并通知专利申请人。

专利申请人对复审委员会的复审决定不服的，可以自收到通知之日起3个月内向人民法院起诉。

## 5.2.4 专利实施

1. 专利实施的概念

专利实施是指专利权人或者专利权人许可他人为了生产经营的目的，制造、使用和销售专利产品或使用专利方法。

2. 专利实施的形式

专利实施的形式如表 5-3 所示。

表5-3 专利实施的形式

| | |
|---|---|
| 专利权人实施 | 由专利权人实施专利是专利实施中最常见的方式。专利权人实施其专利，可以是专利权人自己独立实施，也可以是专利权人将专利作为投资，与他人合作实施 |
| 许可他人实施 | 许可他人实施是以专利权人作为许可方，通过签订合同的方式允许被许可方在一定条件下使用其获得专利保护的发明创造。许可他人实施专利仅仅是把专利权中的使用权转移给使用方，专利权人并未发生变化 |
| 依照国家的需要指定实施 | 国有企业事业单位的发明专利，对国家利益或者公共利益具有重大意义的，国务院有关主管部门和省、自治区、直辖市人民政府报经国务院批准，可以在批准的范围内推广应用，允许指定的单位实施，由实施单位按照国家规定向专利权人支付使用费 |
| 强制许可实施 | 强制许可是国务院专利行政部门依照法定的条件和程序实施专利的一种强制性手段。是指自专利权被授予之日起一定时间（三年）后，任何单位均可以依照《专利法》的规定，不经过专利权人的同意，由国务院专利行政部门在一定条件下准许其他单位和个人实施专利权人的专利的一种强制性法律手段 |

知识链接

**强制许可的条件**

（1）具备实施条件的单位以合理的条件请求发明或者实用新型专利权人许可实施其专利，而未能在合理的时间内获得这种许可时，国务院专利行政部门根据该单位的申请，可以给予实施该发明专利或者实用新型专利的强制许可。

（2）在国家出现紧急状态或者非常情况时，或者为了公共利益的目的，国务院专利行政部门可以给予实施发明专利或者实用新型专利的强制许可。

（3）一项取得专利权的发明或者实用新型比前已取得专利权的发明或者实用新型具有显著经济意义的重大技术进步，其实施又有赖于前一发明或者实用新型的实施的，国务院专利行政部门根据后一专利权人的申请，可以给予实施前一发明或者实用新型的强制许可。

### 5.2.5 专利权保护

1. 专利权保护期限和范围

(1) 专利权保护期限：专利权保护期限，是指专利权自生效时起到失效时止的期限。我国《专利法》规定，发明专利权的期限为20年，实用新型和外观设计的专利权期限为10年，均自申请日起计算。

(2) 专利权保护范围：发明或实用新型专利权的保护范围，以其权利要求的内容为准，说明书及其附图可以用于解释权利要求，外观设计专利权的保护范围，以標示在图片或照片中的该外观设计专利产品为准。

2. 专利侵权行为

(1) 专利侵权行为概念：是指在专利权有效期限内，行为人未经专利权人许可又无法律依据，以盈利为目的实施他人专利的行为。

(2) 专利侵权行为表现形式。

① 直接侵权行为。

这是指直接由行为人实施的侵犯他人专利权的行为。

其表现形式包括：制造发明、实用新型、外观设计专利产品的行为；使用发明、实用新型专利产品的行为；许诺销售发明、实用新型专利产品的行为；销售发明、实用新型或外观设计专利产品的行为；进口发明、实用新型、外观设计专利产品的行为；使用专利方法以及使用、许诺销售、销售、进口依照该专利方法直接获得的产品的行为等。

② 间接侵权行为。

这是指行为人本身的行为并不直接构成对专利权的侵害，但实施了诱导、怂恿、教唆、帮助他人侵害专利权的行为。间接侵权行为通常是为直接侵权行为制造条件。

表现形式包括：行为人销售专利产品的零部件、专门用于实施专利产品的模具或者用于实施专利方法的机械设备；行为人未经专利权人授权或者委托，擅自转让其专利技术的行为等。

3. 专利侵权的法律责任

专利权人发现侵权行为后，可以请求专利管理机关处理，也可以直接向人民法院起诉。诉讼时效为2年，自专利权人或利害关系人得知或者应当得知侵权行为之日起生效。根据《专利法》，专利侵权的法律责任包括：

(1) 行政责任。

对专利侵权行为，管理专利工作的部门有权责令侵权行为人停止侵权行为、责令改正、罚款等，管理专利工作的部门应当事人的请求，还可以就侵犯专利权的赔偿数额进行调解。

(2) 民事责任。

① 停止侵权，是指专利侵权行为人应当根据管理专利工作的部门的处理决定或者人

民法院的裁判，立即停止正在实施的专利侵权行为。

②赔偿损失，侵犯专利权的赔偿数额，按照专利权人因被侵权所受到的损失或者侵权人获得的利益确定；被侵权人所受到的损失或侵权人获得的利益难以确定的，可以参照该专利许可使用费的倍数合理确定。

③ 消除影响，在侵权行为人实施侵权行为给专利产品在市场上的商誉造成损害时，侵权行为人就应当采用适当的方式承担消除影响的法律责任，承认自己的侵权行为，以达到消除对专利产品造成的不良影响。

（3）刑事责任。

依照《专利法》和刑法的规定，假冒他人专利，情节严重的，应对直接责任人员追究刑事责任。

**案例 5-1**

1995 年，甲大学环境科研所环境化学研究室副主任 A，应某市环保局邀请，同意帮助研究有关印染污水处理技术，A 一直从事微量元素与健康研究工作，当时分管后勤工作。同年寒假，A 在甲大学实验室内利用废旧原料、工具和试纸，对有关厂家提供的印染污水进行实验和测试，完成了“印染处理污水的方法及工艺”的发明创造。此后，甲大学就该项发明创造向中国专利局申请了职务发明专利，并于 1999 年 11 月 1 日获得专利，而 A 认为该发明专利权归属有误，于 2000 年 10 月向某市中级人民法院提起诉讼，请求判令该发明专利为非职务发明。

请分析：

（1）什么是职务发明？

（2）该发明的主体是个人还是单位？

（3）A 完成的“印染处理污水的方法及工艺”发明创造是职务发明还是非职务发明？如何判断？

**案例分析**

（1）职务发明是指企业、事业单位、社会团体、国家机关工作人员执行本单位的任务或者主要是利用本单位的物质条件所完成的发明创造。

（2）个人。

（3）非职务发明，A 虽然在甲大学环境研究所工作，但从事微量元素与健康研究工作，当时分管后勤工作，“印染处理污水的方法及工艺”研究非 A 本职工作，甲大学既未交付其科研任务，也未予以投资，因此不属于专利法中的“执行本单位工作任务”；A 用来完成发明的构思及实验所获数据方法简单，所用工具材料等为市场上常见材料，不属于专利法中的“主要利用单位的物质条件所完成的发明”。

课堂随笔

案例 5-2

赵某在教书之余，经过几年反复研究试验，制成了人造大理石，掌握了其配方和制造的程序。试制品经过有关部门试验和鉴定，其耐腐蚀性、硬度，都完全符合要求，赵某想申请专利，不知怎样办理？

案例分析

赵某要申请专利应做好以下准备工作：(1) 对自己的发明创造是否具备专利条件，即是否具备新颖性、创造性和实用性进行论证；(2) 要进行一定的市场预测，即看自己创造的产品有没有实用价值、竞争能力和销路；(3) 研究发明创造应采取哪种保护方式，保护方式有三种，即发明专利、实用新型专利、外观设计专利，属于哪一种就申请哪一种保护；(4) 在这些准备基础上就可以书面形式正式提出专利申请，提供申请书、说明书、说明书摘要、权利要求书。同时缴纳相应的申请费后，就算正式取得了专利申请地位。赵某可根据上述规定申请专利。

课堂随笔

# 5.3 商 标 法

## 5.3.1 商标与商标法的概念

1. 商标的概念

商标就是能够将一个企业的商品或者服务同其他企业的商品或者服务区别开来的标记。这种标记通常由文字、图形或者其组合组成。

2. 商标的种类

商标的种类如表 5-4 所示。





表5-4 商标的种类

| | |
|---|---|
| 按照商标的结构组成或形态划分 | 平面商标 |
| | 立体商标 |
| 按照商标的适用对象划分 | 商品商标 |
| | 服务商标 |
| 按照商标的作用划分 | 集体商标 |
| | 证明商标 |
| 按照商标的法律状态划分 | 注册商标 |
| | 未注册商标 |
| 按照商标的知名度划分 | 驰名商标 |
| | 普通商标 |

3. 商标法的概述

商标法是调整在确认、保护商标专用权和商标使用过程中发生的各类社会关系的法律规范的总称。

知识链接

1982年8月23日，第五届全国人大常委会第二十四次会议通过了《中华人民共和国商标法》（以下简称《商标法》）。1983年3月国务院颁布了《商标法实施细则》。1993年2月22日，第七届全国人大常委会第三十次会议对《商标法》进行了第一次修正；2001年10月27日，第九届全国人大常委会第二十四次会议对《商标法》进行了第二次修正。

### 5.3.2 商标专用权法律关系

1. 商标专用权的主体

商标专用权的主体是指依法享有商标所有权的人。在我国能够成为商标权主体的有企业、事业单位、社会团体、个体工商户、个人合伙以及符合《商标法》规定的外国人或者外国企业。

2. 商标专用权的客体

商标专用权的客体是指经过国家商标局核准注册的商标，即注册商标。根据我国《商标法》的有关规定，作为商标权客体的商标必须具备以下条件。

（1）商标的构成要素必须具备显著特征，便于区别。

（2）不得违反商标法的禁用条款。

商标不得使用下列文字、图形：

① 同中华人民共和国的国家名称、国旗、国徽、军旗、勋章相同或者近似的，以及同中央国家机关所在地特定地点的名称或者标志性建筑物的名称、图形相同的。

② 同外国的国家名称、国旗、国徽、军旗相同或者近似的，但该国政府同意的除外。

③ 同政府间国际组织的名称、旗帜、徽记相同或者近似的，但经该组织同意或者不易误导公众的除外。

④ 同“红十字”、“红新月”的名称、标志相同或者近似的。

⑤ 本商品的通用名称、图形、型号的。

⑥ 直接表示商品的质量、主要原料、功能、用途、重量、数量及其他特点的。

⑦ 带有民族歧视性的。

⑧ 夸大宣传并带有欺骗性的。

⑨ 有害于社会主义道德风尚或者其他不良影响的。

⑩ 县级以上行政区划的地名或者公众知晓的外国地名，不得作为商标。但是，地名具有其他含义或者作为集体商标、证明商标组成部分的除外；已经注册的使用地名的商标继续有效。

（3）不得与他人的商标混同。

混同是指商标与他人的商标相同或者近似。申请注册的商标与他人的注册商标混同，不能获准注册。而径自使用与他人注册商标相同或者近似的商标，则构成侵权。

3. 商标专用权的内容

（1）商标权人的权利。如表 5-5 所示。

**表5-5 商标权人的权利**

| | |
|---|---|
| 独占使用权 | 商标一经国家商标管理机关核准注册，商标权人即享有在一定范围内对其注册商标完全的独占使用权。他人未经注册商标所有人的许可，不得在同一种商品或者类似商品上使用该注册商标或者与该注册商标相近似的商标。否则即构成商标侵权 |
| 许可使用权 | 商标权人可以将其注册商标许可他人使用，并因此而获得报酬。在商标许可使用条件下，仅仅是商标的使用权发生转移，所有权并没有发生变化 |
| 商标转让权 | 商标权人根据商标法规定的程序将商标所有权转让给他人的法律行为。商标权转让后，原商标注册人，即商标权人则丧失对于注册商标的一切权利 |
| 续展权 | 商标续展权是指商标所有权人向商标局申请延长商标保护期限的权利。根据我国《商标法》规定，注册商标权的有效期是10年。如果商标权人希望继续使用注册商标，继续维持商标权，可以在商标权有效期届满前6个月申请续展 |

（2）商标权人的义务。

① 商标注册人应当对其使用注册商标的商品或服务的质量负责。使用注册商标的商品不得粗制滥造，以次充好，欺骗消费者。

② 商标注册人应当严格按照商标法律的有关规定正确使用其注册商标。商标权人应使用注册商标。连续 3 年停止使用注册商标，商标局可撤销其注册商标。使用注册商标应当标明“注册商标”字样或者标明注册标记“®”或“注”字外加圈。在商品上不便标明的，应当在商品包装、说明书或者其他附着物上标明。

③ 按规定在申请商标注册和办理其他商标事宜时，缴纳费用。

## 5.3.3 商标专用权取得

1. 商标权取得方式

商标权的取得，是指特定的人（包括自然人和法人），对其商标依法申请并经商标局核准注册，即为取得商标权。商标权的取得依其来源的不同，可分为原始取得和继受取得。

（1）原始取得。

原始取得又称直接取得，即商标权的取得是最初的，是商标权的第一次产生。商标权的原始取得并非基于他人既存的权利，又不以他人的意志为根据。在我国，商标权的原始取得采用的是注册原则。这就要求商标必须经过注册后才能取得商标权。

（2）继受取得。

继受取得，是指商标权人取得的商标权是基于他人已存在的权利而产生的，而非最初直接取得。继受取得有两种方式：一是根据转让合同，出让人向受让人有偿或无偿地转移商标权；二是根据继承法的规定，以继承程序取得商标权。

2. 商标注册原则

商标注册原则如表 5-6 所示。

**表5-6 商标注册原则**

| | |
|---|---|
| 先申请原则 | 准予最先申请的人取得商标专用权，驳回其他申请 |
| 一申请一商标原则 | 允许在一份申请书中可以申请注册用于不同类别的商品上的同一商标 |
| 自愿注册原则 | 商标使用人在一般情况下可自行决定其使用的商标是否申请注册 |

**知识链接**

我国在某些特定的商品上需要强制注册商标：人用药品包括中成药（含药酒）、化学原料药及其制剂、抗生素、生化药品、放射性药品、血清疫苗、血液制品和诊断药品；烟草制品包括卷烟、雪茄烟和有包装的烟丝。

3. 商标注册程序

（1）商标注册的申请。

根据《商标法》的规定，申请商标注册应当按规定的商品分类表填报使用商标的商品类别和商品名称。商标注册申请人如果在不同类别的商品上申请注册同一商标，应当按商品分类表分别提出注册申请。注册商标要在同一类的其他商品上使用，应当另行提出注册申请。注册商标要改变其标志，应当重新提出注册申请。注册商标要变更注册人的名义、地址或者其他注册事项的，应当提出变更申请。

申请时具体提交的材料有：商标注册申请书、商标图样、有关部门的证明文件和申请费及注册费。

（2）商标注册的初步审查和公告。

商标审查是商标注册主管机关对商标注册申请是否合乎《商标法》的规定所进行的从形式到实质的检查、资料检索、分析对比、调查研究并决定给予初步审定或驳回申请等一系列活动。

（3）商标注册的异议和核准。

对初步审定的商标，自公告之日起3个月内，任何人均可以提出异议。公告期满如果没有异议或虽有人提出异议但经过裁定不能成立的，商标注册主管机关便核准注册，发给申请者商标注册证书，并刊登商标注册公告。至此，申请人便在法律上获得了注册商标的使用权。如果异议成立，商标局则不予以核准注册。

4. 商标管理

商标管理是指国家有关主管机关依法对商标注册、使用、转让等行为进行监督、检查等活动的总称。国务院工商行政管理部门商标局主管全国商标注册和管理工作。对外贸易中的商标管理由对外贸易经济合作部和国家工商行政管理局负责。商标管理的主要内容包括商标的注册管理、商标的使用管理和商标的印制管理。

（1）注册商标的使用管理。

使用注册商标，应当在其商品或者包装上标明注册商标标记。对自行改变注册商标的；自行改变注册商标的注册人名义、地址或者其他注册事项的；自行转让注册商标的；连续三年停止使用的由商标局将责令限期改正或者撤销其注册商标。

（2）未注册商标的使用管理。

未注册商标的使用人如冒充注册商标，或违反《商标法》规定的禁用条款的，或粗制滥造、以次充好、欺骗消费者的，由地方工商行政管理部门予以制止，限期改正，并可以予以通报或处以罚款。

（3）商标印刷管理。

商标使用人凭有关文件和证明材料可以委托工商行政管理机关指定的印刷商标单位印刷。

5. 注册商标专用权的保护

注册商标专用权的保护以核准注册的商标和核定使用的商品为限。

（1）侵犯注册商标专用权行为的种类。

① 未经商标注册人的许可，在同一种商品或者类似商品上使用与其注册商标相同或者近似的商标的。

② 销售侵犯注册商标专用权的商品的。

③ 伪造、擅自制造他人注册商标标识或者销售伪造、擅自制造的注册商标标识的。

④ 未经商标注册人同意，更换其注册商标并将该更换商标的商品又投入市场的。

⑤ 给他人的注册商标专用权造成其他损害的。

（2）商标专用权的保护途径：

① 行政途径。

对侵犯注册商标专用权的行为，被侵权人可以向县级以上工商行政管理机关投诉，请求工商行政管理机关对侵权案件进行查处。工商行政管理机关对尚未构成犯罪的侵权案件作出行政处理，对涉嫌构成犯罪的侵权案件移送司法机关追究侵权人的刑事责任。当事人对工商行政管理机关的处理决定不服的，可以自收到通知后 15 日内向人民法院起诉。期满不起诉又不履行的，由有关工商行政管理机关申请人民法院强制执行。

② 司法途径。

对侵犯注册商标专用权的行为，被侵权人也可以直接向人民法院起诉。人民法院通过审判程序，维护商标专用权人的合法权益。

**案 例 5-3**

江苏甲企业是生产月饼的知名老厂，从 1991 年 6 月开始在其生产的月饼上使用“佳乐”商标，2006 年 1 月 10 日甲企业向注册商标局申请注册“佳乐”商标。同日，河北乙糕点厂也向商标局申请注册“佳乐”商标，打算在今后的糕点食品上使用。在此期间，山东丙糕点厂已在其生产的糕点上使用“佳乐”这一注册商标达 4 年之久。

请分析：

（1）谁能取得“佳乐”商标的专用权？为什么？

（2）若商标权一旦授予某申请人，其他糕点厂家能否擅自使用该商标？为什么？

（3）若山东丙糕点厂要继续合法使用该商标，应通过哪些途径？

（4）商标使用人必须申请注册商标吗？为什么？

**案例分析**

（1）江苏甲企业能取得“佳乐”商标的专用权。因为甲企业与河北乙糕点厂同日向商标局申请注册，但甲企业使用在先，故甲企业取得商标专用权。

（2）其他糕点厂不能擅自使用该商标。因为甲企业对“佳乐”商标已进行注册，对该商标享有独占使用权，他人未经许可不得在同一种商品或类似商品上使用该商标。否则即构成商标侵权行为。

（3）山东丙糕点厂要继续合法使用该商标，应通过两种途径：一是与甲企业签订该商标的使用许可合同，取得商标使用权。二是与甲企业签订该商标权的转让合同，取得该商标的所有权。

（4）不是必须申请。根据我国《商标法》的规定：除烟草制品和人用药品必须申请注册商标外，其他商品是否申请注册，根据自愿注册的原则由商标使用人自行决定。

**课堂随笔**

**案例 5-4**

A公司于1995年10月就其生产的陶瓷产品申请"飞花"商标注册，1996年9月得到核准注册。A公司由于管理得当，生产经营良好，故该商标的品牌信誉较好。2006年10月，B公司得知A公司未申请"飞花"商标注册续展，便提出"飞花"商标注册申请。A公司得知后，立即提出意见，并向商标局提出续展申请。

请分析：

（1）B公司的注册申请是否会得到批准？为什么？

（2）A公司的续展申请是否有效？能否得到批准？

**案例分析**

（1）B公司的注册申请不会被批准。一件注册商标因违法被撤销或者因期满不再续展而被注销，其商标专用权均终止。在本案中，A公司根据《商标法》的规定，还没有超过商标注册续展的6个月宽展期，更没有被注销或撤销，没有达到被撤销或被注销满1年的规定，所以，B公司的注册申请不可能被批准。

（2）根据《商标法》第24条规定：注册商标有效期届满需要继续使用的，应当在期满前6个月内申请续展注册；在此期间未能提出申请的，可以给予6个月的宽展期。宽展期满仍未提出申请的，注销其注册商标。据此，A公司的注册商标虽然未能在有效期届满前6个月内申请续展，但其提出申请续展是在有效期届满后的6个月的宽展期内，因而其申请续展的申请是符合《商标法》规定的，是有效的注册续展申请。

课堂随笔

**本章实训**



## 一、实训目标

理解、掌握工业产权法律制度的相关内容，提高学生解决保护工业产权过程中出现的各种法律问题的能力。教师组织学生收集案例并进行课堂讨论，完成实训。

## 二、实训步骤

（1）针对基础理论学习内容，由教师提出相关问题。

（2）根据市场实际收集案例、实例。

（3）学生分组对收集的案例、实例进行分析讨论，指出生活中，特别是自身周围违反工业产权法律制度的事例，对照相关法律条文，提出处理意见。

（4）教师进行课堂总结。

## 三、实训注意事项

（1）教师要引导学生积极进行案例和实例的收集和讨论。

（2）引用典型案例，培养和提高学生的学习兴趣和实际应用能力。

（3）学生组长要切实负责，使讨论形成气氛，取得效果。

**思考与练习**

## 一、填空题

1. 在我国，工业产权主要是指 ______ 权和 ______ 权。

2. 工业产权与版权，统称为 ______。工业产权属于无形财产权，与有形财产权相比具有 ______、______、______ 等特征。

3. 职务发明创造的专利申请权和依法被授予的专利权，属于 ________ 所有。

4. 非职务发明创造，专利申请权和依法取得的专利权属于 ________ 或者 ________。

5. 我国《专利法》所称的发明创造包括 ________、________ 和 ________。

6. 我国《专利法》规定，发明专利权的期限为 ________ 年，实用新型和外观设计的专利权期限为 ________ 年，均自 ________ 起计算。

7. 使用注册商标应标明“________”字样或者标明注册标记 ________ 或 ________。

8. 注册商标的有效期为 ________ 年，自 ________ 起计算，注册商标有效期满，如需继续使用的，可申请续展。每次续展注册商标的有效期为 ________ 年。

## 二、单项选择题

1. 以下关于工业产权特征表述错误的是（　　）。

A. 排他性　　B. 世界性　　C. 时间性　　D. 地域性

2. 专利的客体不包括（　　）。

A. 商标　　B. 发明　　C. 实用新型　　D. 外观设计

3. 我国在专利权的授予上采取的是（　　）。

A. 先发明原则　　C. 先实施原则

C. 先申请原则　　D. 无手续原则

4. 下列各项中，根据《专利法》的规定，属于《专利法》保护的智力成果是（　　）。

A. 关于一种新化学元素的发现以及一种新型高分子材料的聚合方法

B. 一种速算方法以及一种演示新计算方法的教学用具

C. 一种减肥新药或者一种减肥食品

D. 一种诊断早期肝癌的新方法以及一种新的放射疗法

5. 依《专利法》的规定，下列几种情形，视为专利侵权行为的是（　　）。

A．使用或者销售不知道是未经专利权人许可而制造并售出的专利产品的

B．在专利申请日前已经制造相同产品、使用相同方法或者已经作好制造、使用的必要准备，并且仅在原有范围内继续制造、使用的

C．专为科学研究和实验而使用有关专利的

D．未经专利权人许可，以生产经营为目的，许诺销售和销售以专利产品及专利方法直接获得的产品

6．自专利局公告授予专利权之日起 ________，任何单位或者个人认为该专利权的授予不符合《专利法》有关规定的，都可以请求专利局 ________ 该专利权。（　　）

A．3 个月内，不授予　　B．6 个月内，撤销

C．9 个月内，延期公布　　D．12 个月内，复审

7．根据商标的适用对象不同，可以将商标分为（　　）。

A．商品商标和服务商标　　B．集体商标和证明商标

C．联合商标和防御商标　　D．文字商标和图形商标

8．根据我国《商标法》的规定，可以不使用注册商标的商品有（　　）。

A．感冒药　　B．雪茄　　C．彩色电视机　　D．卷烟

9．商标局接受了一批商标注册申请，经审查，可以批准商标注册申请的有（　　）。

A．“蚕丝牌”丝绸　　B．“长寿牌”卷烟

C．“幸福牌”奶糖　　D．“桂花牌”桂花糖

10．我国《商标法》规定，注册商标的有效期限为 10 年，从（　　）之日起算。

A．申请　　B．核准注册

C．公告　　D．最先使用

## 三、判断题

1．一项发明创造可以授予多项专利权。（　　）

2．我国《商标法》规定，三维标志和颜色组合，可以构成商标标志。（　　）

3．专利权的主体是指申请并获得专利权的个人。（　　）

4．专利权的客体是专利法的保护对象，即依法应授予专利的发明创造。（　　）

5．直接表示商品的质量、主要原料、功能、用途、重量、数量及其他特点的标志可以作为商标注册。（　　）

6．专利属于无形资产，专利权人可以通过出卖、赠与、投资入股等方式将其专利进行转让，但转让必须符合法律规定。（　　）

## 四、名词解释

1．工业产权　　2．专利　　3．职务发明创造

4．非职务发明创造　　　5．商标

## 五、简答题

1．根据我国《专利法》的规定，专利主体有哪些？

2．我国《专利法》所规定的客体有哪些？

3．根据我国《专利法》的规定，授予专利的发明和实用新型应具备什么条件？

4．根据我国《专利法》的规定，专利侵权表现在哪几个方面？

5．简述我国发明专利申请、审批的程序。

6．商标权包括哪些权利内容？

## 六、案例分析题

1．某水利工程公司承建的某水利工程，由于地质条件复杂，工程难度非常大。为解决施工中遇到的工程技术问题，水利工程公司委托某水利工程设计院和某建筑工程研究院，由该两个机构联合攻关、研究，该水利工程公司支付相关费用和提供相关材料。在联合攻关和研究中，水利工程设计院和建筑工程研究院经过艰苦努力，不仅攻克一个重大课题，而且完成了一项重要的发明。水利工程设计院利用自己手中的资料，私下向专利局提出发明专利申请。水利工程公司和建筑工程研究院得知后，均向专利局提出异议，主张该专利申请权应当属于自己，其专利权应当授予自己。请分析：该发明专利的申请权应由谁行使？该发明专利权应授予谁？

2．某地区甲、乙两日用化工厂为各自生产的香皂和普通洗涤用肥皂，于1992年8月17日向商标局同时申请“洁丽”和“洁力”注册商标。甲日用化工厂第一次在其产品（香皂）上使用“洁丽”商标是在1990年7月；乙日用化工厂第一次在其普通洗涤用肥皂上使用“洁力”商标是在1989年6月。请分析：此纠纷应怎样处理？

3．1994年2月，某市制药厂研制出两种人用抗菌药，分别以“宝泉”和“无敌”为商标。制药厂生产经营管理不善，两种药品虽然疗效不错，但却少为人知，造成了药品大量积压。为了扭亏为盈，制药厂决定转让这两个商标，几经周折，1998年3月制药厂与某药品开发公司签订了“宝泉”和“无敌”抗菌药商标转让的两份合同。1996年4月，药品开发公司依照两份商标转让合同的规定，付清了商标转让费，随即开始使用“宝泉”和“无敌”商标。

请分析：

（1）“宝泉”和“无敌”能否作为商标名称？

（2）“宝泉”和“无敌”商标转让合同是否有效？为什么？

# 第6章

# 反不正当竞争法

## 学习目标

（1）掌握不正当竞争的概念及其特征。

（2）理解反不正当竞争法的基本原则。

（3）掌握不正当竞争行为的表现形式。

（4）明确不正当竞争行为所应承担的法律责任。

## 任务描述

通过反不正当竞争法基本概念、基本知识、基本理论的学习，提高自由、公平竞争的法律意识，增强自由、公平竞争的法律观念，熟悉各种反不正当竞争法律规范，提高解决实践问题、处理法律纠纷的能力。

## 导入案例

甲乙两旅行社都是享有盛名的国家承办境外旅游客到国内观光的经济组织。2002 年，两旅行社均接待海外游客 20 万人次，经济效益不相上下。2005 年上半年，甲旅行社以高薪为条件，致使乙旅行社海外部 15 名工作人员全部辞职，转入甲旅行社工作。甲旅行社为此成立海外旅行二部，该 15 名原乙旅行社的工作人员在转入甲旅行社时将自己的业务资料、海外业务单位名单都带入甲旅行社。2005 年上半年，两旅行社的业务均发生很大的变化，甲旅行社的海外游客骤然上升，效益大增，而乙旅行社业务受到极大影响，造成了较大的经济损失。

## 案例思考

(1) 甲旅行社的行为是否构成不正当竞争？如是，应属哪种不正当竞争行为？为什么？

(2) 对甲旅行社是否应进行法律制裁？如何制裁？

《反不正当竞争法》是规范市场行为、确立市场竞争规则，建立和维护我国社会主义市场经济体制的一项重要经济立法。它作为工商行政管理机关履行法定职能所依据的基本法律，同时也是在我国境内从事生产经营活动所必须遵循的基本准则。

# 6.1　不正当竞争的概念和特征

1. 不正当竞争的概念

不正当竞争，是指经营者违反法律规定，损害其他经营者的合法权益，扰乱社会经济秩序的行为。

2. 不正当竞争的特征

（1）不正当竞争行为的主体是经营者。

（2）不正当竞争行为是违法行为。

（3）不正当竞争行为侵害的客体是其他经营者的合法权益和正常的社会经济秩序。

# 6.2　反不正当竞争法的概念及基本原则

1. 反不正当竞争法的概念

反不正当竞争法是指在调整市场竞争过程中，因制止不正当竞争行为而发生的社会关系的法律规范的总称。

**知识链接**

《中华人民共和国反不正当竞争法》于1993年9月2日第八届全国人民代表大会常务委员会第三次会议通过，1993年12月1日施行。

2. 反不正当竞争法的基本原则

根据规定，我国反不正当竞争法有下列两项基本原则：

（1）自愿、平等、公平原则。

（2）诚实信用，遵守公认商业道德的原则。

# 6.3　不正当竞争行为

广义的不正当竞争行为包括三类行为：一是垄断行为；二是限制竞争行为；三是不正

当竞争方法。狭义的不正当竞争行为是指不正当竞争方法。我国反不正当竞争法调整两类不正当竞争行为：一是限制竞争行为；二是不正当竞争方法。

1. 限制竞争行为

（1）对政府及其所属部门限制。

主要表现为：① 行政性强制经营行为；② 地区封锁行为。

（2）对公用企业或其他依法具有独占地位的经营者的限制。

公用企业或其他依法具有独占地位的经营者，在我国主要包括供水、供电、供热、供气、邮政、电信、交通运输等行业的经营者。

（3）招标投标中的串通行为。

主要表现为：① 投标者之间串通投标，抬高标价或压低标价；② 投标者与招标者相互勾结排挤竞争对手。

（4）搭售或附加其他不合理条件的行为。

搭售是指经营者出手商品时，违背对方的意愿，强行搭配其他商品的行为。

2. 不正当竞争方法

（1）欺诈性交易方法，包括4种：① 假冒他人的注册商标。未经注册商标所有人的同意，擅自使用他人的注册商标，既是商标侵权行为，也是不正当竞争行为；② 擅自使用知名商品的名称、包装、装潢，或者使用与知名商品近似的名称、包装、装潢，使购买者误认为是该知名商品；③ 擅自使用他人企业名称或姓名，使人误认为是他人的商品；④ 在商品上伪造或冒用认证标志、名优标志等质量标志，伪造产地，对商品质量作引人误解的虚假表示。

（2）商业贿赂行为：是指经营者为了推销或者购买商品，采用行贿手段以获得竞争优势的行为。它与合法的"回扣"、"折扣"、"佣金"的区别在于，贿赂所给予的财物或其他好处不在交易对方的正规账目中予以反映。

（3）虚假广告：是指经营者利用广告或者其他使公众知道的方法，对产品的质量、制作成分、性能、用途、生产者、有效期限、产地等作引人误解的虚假宣传。

（4）侵犯商业秘密：是指不为公众所知悉，能为权利人带来经济效益，具有实用性并经权利人采取保密措施的技术信息和经营信息。侵犯商业秘密的行为包括：①以盗窃、利诱、胁迫或其他不正当手段获取权利人的商业秘密；②披露、使用或允许他人使用以前项所述手段获取的权利人的商业秘密；③违反约定或违反权利人有关保守商业秘密的要求，披露、使用或允许他人使用其所掌握的商业秘密。第三人明知或应知前列违法行为，获取、使用或披露他人的商业秘密，视为侵犯商业秘密。

（5）掠夺定价：是指经营者以挤垮对手为目的，以低于成本的价格销售商品的行为。构成掠夺定价的不正当竞争行为需以挤垮对手为目的，同时以低于成本的价格销售商品为条件。但销售鲜活商品，处理有效期即将到期的商品或者其他积压商品，季节性降价，因清偿债务、转产、歇业等原因而降价销售的商品等不属掠夺定价。

（6）欺骗性有奖销售和巨奖销售：经营者采用谎称有奖或者让内部人员中奖的欺骗方式销售商品，利用有奖销售的手段推销质次价高的产品，均构成欺骗性有奖销售的不正当竞争行为。巨奖销售是指最高奖的金额超过 5000 元的有奖销售行为。巨奖销售容易助长盲目消费，对中小企业是一种威胁，无形中破坏了公平竞争的秩序，因而是一种不正当竞争行为。

（7）诋毁竞争对手的商业信誉：商业信誉是社会对经营者从事的经营活动所作的全面评价。这种评价反映了经营者的商业形象，形成了属于经营者的一种具有财产内容的特定的信誉。诋毁竞争对手商业信誉的行为主体须为经营者，方式为捏造事实、散布虚假消息。经营者违反上述规定，给被侵害者造成损害的，均应承担损害赔偿责任。

**案例 6-1**

某市伟业造纸厂生产的“枫叶”系列办公纸深受当地人们喜爱，并且已经在当地形成品牌。为了帮助这种办公纸张进一步扩大知名度，开拓外地市场，市政府某部门发文指定该办公纸张为接待用办公纸张，要求各机关、企事业单位、社会团体在办理业务时使用，办公纸张应以“枫叶”为主。伟业办公纸张厂为某市创造了大量利益，同时也成为某市的知名品牌。其他品牌的办公纸张的销售状况却因此越来越糟糕。请分析：政府指定接待用办公纸张是否违反了《反不正当竞争法》，从而限制了各品牌之间的正当竞争？

**案例分析**

政府指定行为违反了《反不正当竞争法》。根据《反不正当竞争法》第 7 条的规定：政府及其所属部门不得滥用行政权力，限定他人购买其指定的经营者的商品，限制其他经营者的经营活动。政府及其所属部门不得滥用行政权力，限制外地商品进入本地市场，或者本地商品流向外地市场。这一规定禁止三种限制竞争的行为：限定购买行为；限定外地商品流入；限定本地商品流出。本案中，某市的机关、企事业单位和社会团体在业务办公时属于消费者，市政府发文规定上述单位购买“枫叶”办公纸张的行为是限定购买行为，是被《反不正当竞争法》所禁止的。

**课堂随笔**

**案 例 6-2**

某经销公司所在地的夏季气候十分炎热，凉席的销路一向很好。2008 年春，该公司购买了一批井冈山产的凉席，准备在夏季卖出。但该年夏季气候反常，比往年夏季气温低许多，这样就造成该公司的凉席销路不好，在仓库内积压。为了销售积压的凉席，收回资金，该公司经理决定用奖励的方法来促销凉席，即将购买凉席的价款的 10% 给予购买者。恰在此时，有一企业招待所的采购员李某来到该公司购买凉席 100 张，经双方协商，达成协议：李某所买凉席货款的 10% 称该公司给李某的奖励；对于这部分“奖励”，双方均不入财务账。在李某买走凉席后，该经销公司又用同种方法推销其积压的凉席，库存凉席很快便销售一空。但该地的工商部门闻讯前来调查，认为其属商业贿赂行为，没收了其非法所得，并处以相应的罚款。请分析：某经销公司的行为是否违反了《反不正当竞争法》，是否应承担法律责任？

**案例分析**

本案涉及账外回扣行为的认定及其处理问题。第一，该经销公司的“奖励”行为实际是一种账外回扣，构成了不正当竞争。所谓回扣是指经营者销售商品时在账外暗中以现金、实物或者其他方式退给对方单位或者个人的一定比例的商品价款。并不是所有的回扣都构成不正当竞争行为。《中华人民共和国反不正当竞争法》第 8 条规定：“在账外暗中给予对方单位或者个人回扣的，以行贿论处；对方单位或者个人在账外暗中收受回扣的，以受贿论处。”可见，只有在账外暗中回扣的行为，才是不正当竞争行为。而本案中某经销公司给购买凉席者的“奖励”，采用的是暗中商议，所得“奖励”并不入账，实际上是一种账外回扣，是《反不正当竞争法》所禁止的不正当竞争行为。第二，该经销公司应承担法律责任。根据《反不正当竞争法》第 22 条的规定，对于该经销公司违法行为，监督检查部门可以根据情节处以 1 万元以上 20 万元以下的罚款，有违法所得的，予以没收；如果构成犯罪的，依法追究刑事责任。

课堂随笔

# 6.4 不正当竞争行为的监督检查和法律责任

## 6.4.1 不正当竞争行为的监督检查

### 1. 监督检查的概念

对不正当竞争行为的监督检查，是指国家授权的行政机关依照法律法规所赋予的职责和权利，运用行政的、经济的、法律的和舆论的各种手段，为防止和制止不正当竞争行为的发生，清除不正当竞争行为带来的不良影响及后果，而采取的监督检查的措施和行动。

2. 监督检查部门

在我国，对不正当竞争行为进行监督检查的部门为县级以上工商行政管理部门以及法律、法规规定的其他部门。

3. 监督检查部门的职权

（1）询问权。

（2）查询、复制权。

（3）检查权。

（4）处罚权。

### 6.4.2 不正当竞争行为的法律责任

我国《反不正当竞争法》就不正当竞争行为规定了下列三种法律责任：民事责任、行政责任、刑事责任。

1. 民事责任

经营者违反《反不正当竞争法》的规定，给被侵害的经营者造成损害的，应当承担损害赔偿责任。被侵害的经营者的损失难以计算的，赔偿额为侵权人在侵权期间因侵权所获得的利润，并应承担被侵害的经营者因调查该经营者侵害其合法权益的不正当竞争行为所支付的合理费用。

2. 行政责任

《反不正当竞争法》规定了六种行政责任：

（1）责令停止违法行为。

（2）责令改正，消除影响。

（3）行政处分。

（4）行政罚款。

（5）没收非法所得。

（6）吊销营业执照。

3. 刑事责任

《反不正当竞争法》规定的可追究刑事责任的行为有：

（1）侵犯商标专用权行为。

（2）销售伪劣商品的行为。

（3）进行商业贿赂的行为。

（4）监督检查不正当竞争行为的国家机关工作人员滥用职权，玩忽职守及徇私舞弊的行为。

### 案例 6-3

某家具店某日在向消费者分发传单上宣传道："本店经销意大利家具，豪华典雅，贵族风范。"一些比较富有的消费者认为外国货好，纷纷购买，但家具使用不到一年便开始变形、开裂。经工商部门调查，才知原来家具所用木料有小部分是意大利进口的，制造完全是由国内厂家制造的。请分析：家具店的行为是一种什么性质的行为？为什么？应对家具店处以何种行政处罚？

**案例分析**

（1）家具店的行为是一种不正当竞争行为。《反不正当竞争法》第 9 条规定："经营者不得利用广告或其他方法，对商品的质量、制作成分、性能、用途、生产者、有效期限、产地等作引人误解的虚假宣传。"由此可见，家具店违反了此条规定，构成不正当竞争行为。

（2）应责令家具店停止违法行为，消除影响，可以根据情节对其处以 1 万元以上 20 万元以下的罚款。

课堂随笔

## 本章实训

### 一、实训目标

组织学生学习《反不正当竞争法》，通过资料收集和课堂讨论，理解、掌握《反不正当竞争法》的相关内容，并针对现实经济生活中的具体情况，掌握不正当竞争的表现形式，正确运用法律保护经营者的权益，维护社会的经济秩序。

### 二、实训步骤

（1）针对基础理论学习内容，由教师提出问题：不正当竞争行为的表现形式。

（2）根据经济生活实际收集相关的案例、实例。

（3）学生分组对收集的案例、实例进行分析讨论。

（4）案例分析题(通过小案例提高学生分析问题、解决问题的应用能力，增强维权能力)。

请分析：以下案例是否违反了《反不正当竞争法》？

① 假冒他人的注册商标，造成与注册商标相混淆，使人误购。② 强制用户购买其指定经营者的产品。③ 奖金额超过 5000 元的抽奖式有奖销售。④ 非法使用离职前所获知的经营秘密。

（5）教师进行课堂总结。

### 三、实训注意事项

（1）教师要引导学生积极进行案例和实例的收集和讨论。

（2）引用典型案例，培养和提高学生的学习兴趣和实际应用能力。

（3）学生组长要切实负责，使讨论形成气氛，取得效果。

思考与练习

## 一、填空题

1. 我国反不正当竞争法调整两类不正当竞争行为，即________、________。
2. 广义的不正当竞争行为包括：________、________、________。
3. 政府机构的限制竞争行为主要有两种表现形式，即________和________。
4. 构成商业秘密必须同时具备三个条件，即________、________和________。
5. 我国反不正当竞争法调整________和________两类不正当竞争方法。
6. 经营者给予或者接受折扣、佣金，必须"________"并"________"。

## 二、单项选择题

1. 我国对不正当竞争行为的监督检查部门是（　　）。
   A. 县级以上人民政府工商行政管理部门　　B. 税务部门
   C. 财政部门　　D. 人民银行各级分行
2. 实施滥用行政权力不正当竞争行为的主体是（　　）。
   A. 具有独占地位的经营者　　B. 公用企业
   C. 专卖企业　　D. 政府及其所属部门
3. 根据《反不正当竞争法》，下列各项不属于经营者的是（　　）。
   A. 商场　　B. 理发店　　C. 公立学校　　D. 美容院
4. 下列各项，不属于不正当竞争行为构成要件的是（　　）。
   A. 经营者违反法律规定　　B. 损害其他经营者的合法权益
   C. 扰乱社会秩序　　D. 不正当竞争行为给受害人造成了重大损失
5. 下列属于正常竞争行为的是（　　）。
   A. 季节性降价　　B. 擅自使用他人的企业名称
   C. 对商品质量做引人误解的虚假表示　　D. 在商品上伪造认证标志
6. 下列行为属于不正当竞争的是（　　）。
   A. 低于成本价销售鲜活产品
   B. 商场为了促销，在成本价以上将商品打折出售
   C. 企业经营不善，因为歇业而降价销售产品
   D. 商场抽奖式的有奖销售，最高奖的金额达到 10000 元
7. 甲商场与乙公司因为货款问题产生纠纷，甲商场拒绝出售乙公司生产的产品，并对外宣称乙公司产品中含有有害身体健康的物质，所以拒绝销售，乙公司的经营因此受到严重打击。关于这一事件下列说法正确的是（　　）。

A．商场的行为属于限定他人购买其指定的经营者的商品的不正当竞争行为

B．商场的行为属于侵犯他人商业秘密的不正当竞争行为

C．商场诋毁了该企业的商业信誉、商品声誉

D．商场有权决定是否销售某件产品，因此商场的行为属于正当的经营行为

8．乙工厂为了增加自己产品的销量，模仿某著名厂家甲生产的同类产品的包装，足以使消费者认为该产品是甲工厂生产的。关于这一事件下列表述正确的是（　　）。

A．两种产品的包装类似，足以使消费者产生混淆，故乙工厂行为属不正当行为

B．尽管包装类似，如果消费者经过仔细判断仍然能够区分出来属于乙工厂生产，就不属于不正当竞争行为

C．乙工厂的产品如果标明了自己的商标和厂址，就不构成侵权

D．如果甲工厂没有就该包装申请专利权，则乙工厂的行为就是正当行为

9．某商场在电视上做广告，声称其新进一批法国巴黎时尚服装，现正进行打折优惠，消费者纷纷前往购买，后来消费者发现服装并非产自法国，而是由国内厂家生产的，则该商场的行为是（　　）。

A．假冒他人注册商标行为　　B．虚假宣传行为

C．伪造产地的行为　　D．正当广告宣传行为

10．甲厂获悉其竞争对手乙厂发明出了一种新型产品后，组织人员借参观的名义进入乙厂偷偷拍下该产品的照片。甲厂通过对照片进行分析制造出了与乙厂相同的机器，并投入大规模生产，给乙厂造成了巨大经济损失。乙厂向法院起诉，要求甲厂停止生产，并赔偿相应的损失，关于该案例下列说法正确的是（　　）。

A．甲厂不构成不正当竞争，因为偷拍照片的技术人员并不能代表甲厂

B．甲厂构成不正当竞争，但只能停止生产这种机器，而不能赔偿损失

C．人民法院无权管辖此案

D．乙厂的诉讼请求应予支持

11．根据我国法律规定，经营者的下列有奖销售行为合法的是（　　）。

A．通过有奖销售的方式销售质量不合格产品　　B．谎称有奖的有奖销售行为

C．故意让内定人员中奖的有奖销售行为　　D．最高金额为4999元的有奖销售行为

12．根据我国《反不正当竞争法》的规定，经营者以明示方式给对方单位或者个人折扣的行为，属于（　　）。

A．行贿行为　　B．受贿行为

C．给予折扣的正常经济行为　　D．支付佣金的正常经济行为

13．下列行为中不属于经营者侵犯商业秘密的手段的是（　　）。

A. 第三人不知是商业秘密而加以使用

B. 披露、使用或者允许他人使用以非法手段获取的他人的商业秘密

C. 以盗窃、利诱、胁迫或者其他手段获取商业秘密

D. 违反约定或者违反权利人有关保守商业秘密的要求，披露、使用或者允许他人使用其所掌握的商业秘密

14. 根据我国《反不正当竞争法》的规定，如果经营者的合法权益受到不正当竞争行为的损害，受害的经营者可以（　　）。

A. 直接扣押侵害人的财产进行赔偿

B. 采取相同的不正当竞争行为对侵害人进行报复

C. 向仲裁机构申请仲裁

D. 向人民法院提起诉讼

15. 经营者的不正当竞争行为给被侵害的经营者造成损失的，如果被害人的损失难以计算的，赔偿额为（　　）。

A. 侵权人在侵权期间全部所得

B. 按照曾经发生的相同或者相近的案例的赔偿额计算

C. 侵权人在侵权期间所获得的利润

D. 侵权人在侵权期间所获得的利润的两倍

## 三、判断题

1. 我国《反不正当竞争法》规定，只有县级以上的监督检查部门才可以对不正当竞争行为进行监督检查。（　　）

2. 对不正当竞争行为进行社会监督的方式主要有披露、检举、控告、起诉四种。（　　）

3. 处理积压商品而低于成本价销售的行为是不正当竞争行为。（　　）

4、某水产部门以低于成本价 50% 的价格销售对虾属于不正当竞争行为。（　　）

5、除技术信息、经营信息外，其他信息均不属于商业秘密的范围。（　　）

6、搭售或附加其它不合理条件是属于不正当竞争方法。（　　）

7、掠夺定价行为就是为排挤竞争对手、降价销售的行为。（　　）

8、串通投标是属于限制竞争行为。（　　）

## 四、名词解释

1. 反不正当竞争法　2. 商业秘密　3. 商业贿赂　4. 虚假广告　5. 掠夺定价

## 五、简答题

1. 简述限制竞争行为的类型。

2. 什么是行政垄断行为？其特征有哪些？

3. 什么是商业秘密？侵犯商业秘密的行为有哪几种？

4. 什么是欺骗性有奖销售行为？其具体类型有哪些？

## 六、案例分析题

甲药厂生产小儿感冒药，其注册商标是“宝贝”，这种药在本地销售情况还可以，但在外地不行。厂长李某认为不好卖的主要原因是它的牌子不响亮。现在市场上的小儿药并不多，有显著疗效的更是很少，而现在的独生子女都是父母的掌上明珠，如果有点儿发烧感冒，哪在乎药的价钱，他们只要求药的牌子硬。如果他们厂的药换个牌子，一定会很畅销。从此，宝贝牌的小儿感冒药就改名为“小儿惊风散感冒灵”。“小儿惊风散”为乙药厂生产的药品名称，医药管理部门对商标问题不是很清楚，于是就批准了这一药名。改了名的小儿感冒药投放市场后果然受到欢迎，可是生产“小儿惊风散”的乙药厂的药却受到影响。人们说市场上既有“小儿惊风散”，又有“小儿惊风散感冒灵”，不知是不是同一种药，也许是各有不同的特点，但它们的疗效为什么不一样呢？乙药厂了解到这种情况后就要求甲药厂停止使用“小儿惊风散”的名称，但该药厂回答说：“你这个名并不是注册商标，并不是你一家厂专用的，既然市场欢迎这种牌子，那我们也要用。”乙药厂见对方不讲道理，就向人民法院提起诉讼，请求法院保护自己的知名商品的名称专用权。

请分析：

（1）“宝贝”牌小儿感冒药厂为促进销售，能否使用社会上知名商品的名称？为什么？

（2）对甲药厂的行为应如何认定？依据是什么？

（3）对甲药厂的行为应根据《反不正当竞争法》哪一条规定进行处罚？

2. 甲乙两厂均为某市生产饮料的企业，使用在饮料上的商标分别注册为A和B。其中甲厂是老企业，乙厂是后起之秀。由于乙厂饮料质优价廉，销路很好，导致甲厂的经济效益下降。甲厂为在竞争中取胜，在该市电视台加大广告宣传力度，广告词中称目前本市有一些厂家生产同类产品，与本厂生产的保健饮料在质量上有根本上差别，系本厂的仿制品，唯有本厂生产的A牌饮料不含化学成分，才是正宗，特提请广大消费者注意，购买保健饮料时请认准A牌商标，谨防上当受骗。甲厂的广告在市电视台播出后，许多经营乙厂保健的客户纷纷找乙厂退货，称其为仿制产品，致使乙厂生产严重滑坡，造成10万元的经济损失。于是，乙厂向工商行政管理机关反映，要求处理。

请分析：

（1）甲厂行为的性质是什么？为什么？

（2）乙厂是否有权要求赔偿损失？损失额应如何计算？

（3）乙厂是否有权要求甲厂赔礼道歉、消除影响、恢复名誉？依据何在？

# 第7章

# 消费者权益保护法

## 学习目标

（1）了解消费者权益、消费者权益保护法等，理解消费者权益保护法的基本原则。

（2）掌握消费者的权利和经营者的义务。

（3）了解消费者权益的保护，掌握解决消费者权益争议的途径。

（4）理解侵犯消费者权益应承担的法律责任。

## 任务描述

学习消费者权益保护法，增强解决消费者权益争议的能力，提高消费者的自我保护意识。

## 导入案例

顾客杨某全家在节日期间自带酒水到某酒店就餐，酒店以本店不许自带酒水为由拒绝杨某及其家人用餐，如要在该酒店用餐，需交每瓶 20 元的开瓶费。杨某为了不影响家人过节的情绪，在该酒店交了 60 元的开瓶费才得以用餐。

## 案例思考

（1）请问，酒店的做法对吗？

（2）酒店侵犯了消费者的哪些权利？

在商品经济社会，各国普遍重视消费者权益保护方面的立法工作，消费者权益保护法不仅保护消费者的利益，而且保障社会经济领域秩序和社会整体利益。

# 7.1 消费者权益保护法概述

知识链接

消费者，或称消费主体，是消费者权益保护法中的一个基本概念。消费者是为满足个人生活的消费需要购买、使用商品和接受服务的人。

## 7.1.1 消费者权益

消费者权益是指消费者依法享有的权利及该权利受到保护时给消费者带来的应有利益。

小贴士

消费者权益的核心是什么呢？

是消费者的权利。

## 7.1.2 消费者权益保护法的概念

消费者权益保护法是保障消费者合法权益，规制经营者经营活动，调整生活消费关系法律规范的总称。

广义的消费者权益保护法是指调整生活消费关系的所有法律法规。

狭义的消费者权益保护法指《中华人民共和国消费者权益保护法》，该法共有8章55条，是我国保护消费者权益的基本法律。

知识链接

《中华人民共和国消费者权益保护法》于1993年10月31日第八届全国人民代表大会常务委员会第四次会议通过，自1994年1月1日起施行。以下简称《消费者权益保护法》。

### 7.1.3 消费者权益保护法的适用范围

根据《消费者权益保护法》的规定，消费者权益保护法的适用范围包括：

（1）消费者为生活消费需要购买、使用商品或接受服务，其权益受本法保护。

（2）经营者为消费者提供其生产、销售的商品或者提供服务，应当遵守本法。

（3）在消费者权益保护法对某些问题未作规定时，经营者应当遵守其他有关法律、法规。

（4）农民购买、使用直接用于农业生产的生产资料，参照本法执行。

### 7.1.4 消费者权益保护法的基本原则

（1）国家专项保护原则。

（2）倾斜性保护原则。

（3）诚实信用原则。

（4）系统保护原则。

## 7.2 消费者的权利和经营者的义务

消费者的权利与经营者的义务是对应的。

### 7.2.1 消费者的权利

消费者权利指消费者依法享有，在生活消费领域中作出一定行为或要求他人作出一定行为的权能，是公民基本权利在生活消费领域中的具体化。

根据《消费者权益保护法》的规定，消费者享有下列权利：

1．保障安全权

保障安全是消费者最基本的权利，是消费者在购买、使用商品和接受服务时所享有的保障其人身、财产安全不受损害的权利。包括消费者生命安全权、健康安全权和财产安全权，消费者有权要求经营者提供安全的消费场所。

小贴士

你知道侵犯安全权的主要表现形式吗？

主要表现形式为在食品中添加有害物质，制造假药、劣质药，出售过期变质食品和药品，提供的营业场所存在安全隐患，商品包装不安全等。

2. 知悉真情权

指消费者在购买、使用商品或者接受服务时，有对商品或者服务有关情况进行了解的权利。依据法律规定，消费者有权根据商品或者服务的不同情况，要求经营者标明商品或服务的基本情况、技术情况、商品价格和售后服务等情况。

3. 自主选择权

指消费者享有的自主选择商品或者服务的权利。

**知识链接**

**你知道自主选择权包括哪些方面吗？**

自主选择提供商品或者服务的经营者的权利。

自主选择商品品种或者服务方式的权利。

自主决定购买或者不购买任何一种商品、接受或者不接受任何一项服务的权利。

在自主选择商品或者服务时所享有的进行比较、鉴别和挑选的权利。

4. 公平交易权

指消费者在购买商品或者接受服务时，以一定数量的货币换回品质合格、等量价值的商品或服务的权利。消费者在购买商品或者接受服务时，有权获得质量保障、价格合理、计量准确的商品或服务，并有权拒绝强制交易。

5. 依法求偿权

指消费者在因购买、使用商品或者接受服务而人身、财产损害时，依法享有的要求获得赔偿的权利。

6. 依法结社权

指消费者享有的依法成立维护自身合法权益的社会团体的权利。政府对合法的消费者团体不应加以限制，并且在制定有关消费者方面的政策和法律时，还应当向消费者团体征求意见，以求更好地保护消费者权利。

7. 获取知识权

指消费者所享有的获得有关消费和消费者权益保护法方面知识的权利。

8. 获得尊重权

指消费者在购买、使用商品或者接受服务时所享有的人格尊严、民族风俗习惯得到尊重的权利。

9. 监督批评权

指消费者对商品和服务的质量、价格、计量、侵权行为等问题以及消费者权益的保护工作有进行检举、控告或提出批评、建议的权利。

知识链接

**监督批评权的内容**

包括消费者对商品和服务的监督，即对商品或服务的质量、价格、计量、品种、供应、服务态度、售后服务、侵权行为等进行监督；对消费者权益工作的监督，即对消费者保护机构或组织的工作的监督。

案 例 7-1

何平夫妇买了套132平方米的新房后，觉得面积不足，经有关技术部门鉴定房子实际面积比合同中的面积少了整整9平方米，请分析：房产商的行为有什么不当？违反了什么法律？

案例分析

根据《消费者权益保护法》的有关规定：经营者应当向消费者提供有关商品或者服务的真实信息，不得作出引人误解的虚假宣传。该案例中何平夫妇购买的房子实际面积比合同面积少了9平方米，房产商违背了《消费者权益保护法》，做了虚假宣传。

课堂随笔

### 7.2.2 经营者的义务

《消费者权益保护法》专门规定了经营者的义务，这些义务可以归纳为以下9项。

1. 依法履行法定和约定义务

经营者向消费者提供商品或者服务，应当依照有关法律、法规的规定履行法定义务。经营者和消费者有约定的应当按照约定履行义务，但双方的约定不得违背法律、法规的规定。

2. 听取意见和接受监督的义务

经营者应当听取消费者对其提供的商品或者服务的意见，接受消费者的监督。

3. 保证商品和服务安全的义务

经营者应当保证其提供的商品或者服务符合保障人身、财产安全的要求，对可能危及人身、财产安全的商品和服务，应当向消费者作出真实说明和明确警示，并说明和标明正确使用商品或者服务的方法，以及防止危害发生的方法。经营者发现其提供的商品或者服务存在缺陷，即使正确使用商品或者接受服务仍然可能对人身、财产安全造成危害的，应当立即向有关行政部门报告和告知消费者，并采取措施防止危害发生。

4. 不作虚假宣传的义务

经营者应当向消费者提供有关商品或者服务的真实信息，不得作引人误解的虚假宣传，否则即构成侵犯消费者权益的行为和不正当竞争行为。经营者对消费者就其提供的商品或者服务的质量或使用方法等具体问题提出的询问，应当作出真实、明确的答复。在价格标示方面，商店提供商品应当明码标价。

5. 标明真实名称和标识的义务

经营者应当标明其真实名称或营业标记，租赁他人柜台或者场地的经营者，应当标明其真实名称和标记。即使租赁期满后，在法律规定的情况下，消费者仍有权要求其承担责任。

6. 出具购货凭证或者服务单据的义务

购货凭证或者服务单据一般指发票、保修卡、价格单等证明合同已经履行的书面凭证。经营者提供商品或者服务，应当按照国家有关规定或者商业惯例向消费者出具购货凭证或者服务单据；消费者索要购货凭证或者服务单据的，经营者必须出具。

7. 提供符合要求的商品或服务的义务

经营者应当保证在正常使用商品或者接受服务的情况下，其提供的商品或者服务应当具有的质量、性能、用途和有效期限；但消费者在购买该商品或者接受服务前已经知道其存在瑕疵的除外。经营者以广告、产品说明、实物样品或者其他方式表明商品或者服务的质量状况的，应当保证其提供的商品或者服务的实际质量与表明的质量状况相符。

8. 不得从事不公平、不合理交易的义务

为了保障消费者的公平交易权，经营者不得以格式合同、通知、声明、店堂告示等方式作出对消费者不公平、不合理的规定，或者减轻、免除其损害消费者合法权益应当承担的民事责任。格式合同、通知、声明、店堂告示等含有对消费者做出的不公平、不合理的规定或者减轻、免除其损害赔偿责任等内容的，其内容无效。

9. 不得侵犯消费者人格权的义务

经营者不得对消费者进行侮辱、诽谤，不得搜查消费者的身体及其携带的物品，不得侵犯消费者的人身自由。

**案例 7-2**

张某到某超市购物，因没找到合适的商品正欲离开时，超市的保安怀疑他偷走了东西没结账，将其带入保安室，强行对他进行搜身，并打开张某的包进行检查，没有发现东西，保安当即向张某道歉，并解释说："我们商店有规矩，因超市采取开架售货方式，要求保安人员加强管理，对嫌疑人员保安有权进行搜查，这个规定在商场门口贴了告示。”张某觉得精神受到很大伤害，向人民法院提起诉讼。

请分析：

（1）超市是否侵犯了张某的权益？

（2）超市的行为错在哪里？

（3）如何处理？

**案例分析**

（1）超市侵犯了张某的维护尊严权。因为消费者在购买使用商品和接受服务时，享有人格尊严以及民族风俗习惯得到尊重的权利，超市强行对张某进行搜身，并打开张某的包进行检查，侵犯了张某的维护尊严权。

（2）超市违背了严格遵守公平交易的义务，尊重消费者的义务，因为：经营者不得以格式合同、通知、声明、店堂告示等方式做出对消费者不公平、不合理的规定，或者减轻、免除其损害消费者合法权益应当承担的民事责任。此外，经营者不得对消费者进行侮辱、诽谤；不得搜查消费者的身体及其携带的物品；不得侵犯消费者的人身自由。

（3）根据《消费者权益保护法》的规定，经营者侵犯消费者人格尊严或人身自由的，应当停止侵害恢复名誉，解除影响，赔礼道歉，并赔偿损失。

课堂随笔

# 7.3 消费者权益的国家保护和社会保护

## 7.3.1 消费者合法权益的国家保护

### 1. 立法保护

保护消费者的合法权益，立法是基础。《消费者权益保护法》是保护消费者合法权益的基本法律。此外我国制定和颁布的《产品质量法》、《反不正当竞争法》、《广告法》、《食品卫生法》等都体现了对消费者合法权益的保护。国家在制定有关消费者权益的法律、法规时，应当听取消费者的意见和要求。此外，立法机关在把消费政策上升为法律时，也应听取消费者的意见和要求。

2. 行政保护

各级人民政府应当加强领导，组织、协调、督促有关行政部门做好保护消费者合法权益的工作；加强监督，预防危害消费者人身、财产安全行为的发生，及时制止危害消费者人身、财产安全的行为。各级人民政府工商行政管理部门和其他有关行政部门应当依照法律、法规的规定，在各自的职责范围内，采取措施，保护消费者的合法权益。有关行政部门应当听取消费者及其社会团体对经营者交易行为、商品和服务质量问题的意见，及时调查处理。

3. 司法保护

有关国家机关应当依照法律、法规的规定，惩处经营者在提供商品和服务中侵害消费者合法权益的违法犯罪行为。人民法院应当采取措施，方便消费者提起诉讼，对符合起诉条件的消费者权益争议，必须受理，及时审理。

### 7.3.2 消费者合法权益的社会保护

保护消费者的合法权益是全社会的共同责任。国家鼓励、支持一切组织和个人对损害消费者合法权益的行为进行社会监督。尤其是广播、电视、报刊等大众传播媒介应当做好维护消费者合法权益的宣传，对损害消费者合法权益的行为进行舆论监督。

1. 消费者协会

依据《消费者权益保护法》规定，消费者协会和其他消费者组织是依法成立的对商品和服务进行社会监督的保护消费者合法权益的社会团体，它们不得从事商品经营和营利性服务，不得以牟利为目的向社会推荐商品和服务。

**知识链接**

中国消费者协会成立于 1984 年 12 月，并于 1987 年加入国际消费者联盟。

2. 消费者协会的职责

消费者协会必须履行下列职责：

（1）向消费者提供消费信息和咨询服务。

（2）参与有关行政部门对商品和服务的监督、检查。

（3）就有关消费者合法权益的问题，向有关行政部门反映、查询、提出建议。

（4）受理消费者的投诉，并对投诉事项进行调查、调解。

（5）投诉事项涉及商品和服务质量问题的，可以提请鉴定部门鉴定，鉴定部门应当告知鉴定结论。

（6）支持受损害的消费者就损害消费者合法权益的行为提起诉讼。

（7）对损害消费者合法权益的行为，通过大众传播媒介予以揭露、批评。

知识链接

**消费者协会对哪些消费者的投诉不予受理？**

消费者协会对消费者投诉的下列案件不予受理：（1）消费者投诉时不能出具购物发票或小票的；（2）消费者购买的商品是处理品，并且销售者销售时声明是处理品，因出现问题而投诉的；（3）消费者向有关行政部门申诉，该部门已经处理完毕，或者由仲裁机构裁决以及人民法院起诉，已经受理或判决的；（4）法律、法规规定必须取得许可证才能购买，而在没有许可证的情况下，购买或禁止个人购买而购买的商品出现问题投诉的。

# 7.4 消费争议的解决

## 7.4.1 争议的解决途径

消费者和经营者发生消费者权益争议的，可以通过以下途径解决：

（1）与经营者协商和解。

（2）请求消费者协会调解。

（3）向有关行政部门申诉。

（4）根据与经营者达成的仲裁协议提请仲裁机构仲裁。

（5）向人民法院提起诉讼。

知识链接

**消费争议的种类**

从我国的消费实践看，消费争议主要包括：（1）消费者在购买、使用商品或接受服务的过程中，由于经营者不依法履行义务或不适当履行义务，或者消费者认为经营者不依法履行或不适当履行义务，致使消费者的合法权益受到损害所产生的争议；（2）消费者与经营者对提供的商品或服务看法不一致产生的争议；（3）经营者侵犯消费者的权利或者消费者认为经营者侵犯其权利所产生的争议；（4）在消费过程中产生的其他争议。

## 7.4.2 最终承担损害赔偿责任主体的确定

为保证在发生消费争议时，能够准确确定责任承担者，我国《消费者权益保护法》就求偿主体以及最终赔偿主体（责任者）作出了如下规定：

（1）消费者在购买、使用商品时，其合法权益受到损害的，可以向销售者要求赔偿。销售者赔偿后，属于生产者责任或者属于向销售者提供商品的其他销售者责任的，销售者有权向生产者或者其他销售者追偿。

（2）消费者或者其他受害人因商品缺陷造成人身、财产损害的，可以向销售者要求赔偿，也可以向生产者要求赔偿。属于生产者责任的，销售者赔偿后，有权向生产者追偿。属于销售者责任的，生产者赔偿后，有权向销售者追偿。

（3）消费者在接受服务时，其合法权益受到损害的，可以向服务者要求赔偿。

（4）消费者在购买、使用商品或者接受服务时，其合法权益受到损害，因原企业分立、合并的，可以向变更后的企业要求赔偿。

（5）使用他人营业执照的违法经营者提供商品或者服务，损害消费者合法权益的，消费者可以向其要求赔偿，也可以向营业执照的持有人要求赔偿。

（6）消费者在展销会、租赁柜台购买商品或者接受服务，其合法权益受到损害的，可以向销售者或者服务者要求赔偿。展销会结束或者租赁柜台租赁期满后，也可以向展销会的举办者、柜台的出租者要求赔偿。展销会的举办者、柜台的出租者赔偿后，有权向销售者或者服务者追偿。

消费者因经营者利用虚假广告提供商品或者服务，其合法权益受到损害的，可以向经营者要求赔偿。广告的经营者发布虚假广告的，消费者可以请求行政主管部门予以惩处。广告的经营者不能提供经营者的真实名称、地址的，应当承担赔偿责任。

**案例 7-3**

某展览馆展位出租给服装商，举办为期一周的羊毛衫展销，展销会最后一天，李某在秀秀羊绒衫专卖店的展位买了一件羊绒衫，发票上注明是山羊绒。两天后，李某对山羊绒产生了质疑，到有关技术部门鉴定，证实是绵羊绒，价格比山羊绒便宜很多。于是，李某要求展览馆赔偿，该馆以展销会已经结束不是自己出售的羊绒衫为由拒绝退货赔偿。请分析：展览馆的拒绝行为是否得当？赔偿责任应该由谁承担？

课堂随笔

**案例分析**

展览馆的拒绝行为是错误的，违背了《消费者权益保护法》

的相关规定。《消费者权益保护法》中规定。消费者在展览会、租赁柜台购买商品或接受服务，其合法权益受到损害的，可以向销售者或者服务者要求赔偿。展览会结束或柜台租赁期满后，也可以向展览会的举办者、柜台的出租者要求赔偿，展览会的举办者、柜台的出租者赔偿后有权向销售者或服务者追偿。

# 7.5 违反消费者权益保护法的法律责任

当消费者的合法权益受到侵犯造成人身财产损害时，最终承担损害赔偿责任的主体要承担的法律责任主要有民事责任、行政责任与刑事责任。

## 7.5.1 民事责任

1. 关于承担民事责任的概括性规定

经营者提供商品或者服务有以下情形之一的，除《消费者权益保护法》另有规定的以外，应当按照《中华人民共和国产品质量法》和其他有关法律、法规的规定，承担民事责任。

（1）商品存在缺陷的，如生产带有锐角的金属儿童玩具，由于可能导致对儿童的伤害，属于危险产品。

（2）不具备商品应当具备的使用性能而出售时未作说明的，如燃气热水器缺少自动熄火报警装置，而出售时并未说明。

（3）不符合在商品或者其包装上注明采用的商品标准的。

（4）不符合商品说明、实物样品等方式表明的原质量状况的。

（5）生产国家明令淘汰的商品或者销售失效、变质的商品的，如生产已淘汰药品四环素等。

（6）销售的商品数量不足的。

（7）服务的内容和费用违反约定的。

（8）对消费者提出修理、重作、更换、退货、补足商品数量、退还货款和服务费用或者赔偿损失的要求，故意拖延或无理拒绝的。

（9）法律、法规规定的其他损害消费者权益的情形。

2. 关于侵犯人身权的民事责任

《消费者权益保护法》对侵犯人身权的民事责任作了专门规定，其主要内容如下：

（1）经营者提供商品或服务，造成消费者或者其他受害人人身伤害的，应当支付医疗费、治疗期间的护理费、因误工减少的收入等费用；造成残疾的，还应当支付残疾者生活自助用具费、生活补助费、残疾赔偿金以及由其抚养的人所必需的生活费等费用。

（2）经营者提供商品或服务，造成消费者或其他受害人死亡的，应当支付丧葬费、死亡赔偿金以及由死者生前抚养的人所必需的生活费用。

（3）经营者侵害消费者的人格尊严或人身自由的，应当停止侵害，恢复名誉，消除影响，赔礼道歉，并赔偿损失。

3. 关于侵犯财产权的民事责任

《消费者权益保护法》对侵犯财产权的民事责任作了专门规定，其主要内容如下：

（1）经营者提供商品或服务，造成消费者财产损害的，应按照消费者的要求，以修理、重作、更换、退货、补足商品数量、退还货款和服务费用或者赔偿损失等方式承担民事责任。消费者与经营者另有约定的，按照约定履行。

（2）对国家规定或经营者与消费者约定包修、包换、包退的商品，经营者应当负责修理、更换或者退货。在保修期内两次修理仍不能正常使用的，经营者应当负责更换或者退货。对包修、包换、包退的大件商品，消费者要求经营者修理、更换、退货的，经营者应当承担运输等合理费用。

（3）经营者以邮购方式提供商品的，应当按照约定提供；未按约定提供的，应当按照消费者的要求履行约定或者退回货款，并应当承担消费者必须支付的合理费用。

（4）经营者以预收款方式提供商品或者服务的，应按约定提供；未按约定提供的，应当按照消费者的要求履行约定或者退回货款，并应当承担预付款的利息及消费者必须支付的合理费用。

（5）依法经有关行政部门认定为不合格的商品，消费者要求退货的，经营者应当负责退货。

（6）经营者提供商品或服务有欺诈行为的，应当按照消费者的要求增加赔偿，增加的赔偿金额为消费者购买商品的价款或接受服务费用的 1 倍。

### 7.5.2 行政责任

经营者有下列情形之一，《中华人民共和国产品质量法》和其他有关法律、法规对处罚机关和处罚方式有规定的，依照法律、法规的规定执行；法律、法规未作规定的，由工商行政管理部门责令改正，可以根据情节单处或者并处警告、没收违法所得、处以违法所得 1 倍以上 5 倍以下罚款；没有违法所得的，处以 1 万元以下的罚款；情节严重的，责令停业整顿、吊销营业执照：

（1）生产、销售的商品不符合保障人身财产安全要求的。

（2）在商品中掺杂、掺假、以假充真、以次充好，或以不合格商品冒充合格商品。

（3）生产国家明令淘汰的商品或销售失效、变质的商品的。

（4）伪造商品的产地，伪造或者冒用他人的厂名、厂址，伪造或冒用认证标志、名优标志等质量标志的。

（5）销售的商品应当检验、检疫而未检验、检疫或伪造检验、检疫结果的。如市场上的猪肉，必须由卫生检疫部门检疫方可销售。

（6）对商品或者服务作引人误解的虚假宣传的。

（7）对消费者提出的修理、重作、更换、退货、补足商品数量、退还货款和服务费用或者赔偿损失的要求，故意拖延或无理拒绝的。

（8）侵害消费者人格尊严或者人身自由的。

（9）法律、法规规定的对损害消费者权益应当予以处罚的其他情形。

经营者对上述处罚决定不服的，可以自收到处罚决定之日起15日内向上一级机关申请复议；对复议决定不服的，可以自收到复议决定书之日起15日内向人民法院提起诉讼。

### 7.5.3 刑事责任

（1）经营者提供商品或者服务，造成消费者或其他受害人人身伤害或死亡，构成犯罪的，依法追究刑事责任。

（2）以暴力、威胁等方法阻碍有关行政部门工作人员依法执行职务的，依法追究刑事责任；拒绝、阻碍有关行政部门工作人员依法执行职务，未使用暴力、威胁方法的，由公安机关依照《中华人民共和国治安管理处罚条例》对其进行处罚。

（3）国家机关工作人员玩忽职守或者包庇经营者侵害消费者合法权益的行为的，由其所在单位或者上级机关给予行政处分；情节严重，构成犯罪的，依法追究刑事责任。

**本章实训**

学习《消费者权益保护法》，提高消费者的自我保护意识，增强解决消费者权益争议的能力。

## 一、实训目标

为培养学法、懂法、用法，提高学生解决消费者权益争议的能力，组织学生学习消费者权益保护法，理解、掌握消费者权益保护法的内容，教师组织学生参与社会实践，收集资料和课堂讨论，进行实训。

## 二、实训步骤

（1）针对基础理论学习内容，由教师提出问题：作为消费者和经营者分别有哪些权利和义务？

（2）根据市场实际收集案例、实例。

（3）学生分组对收集的案例、实例进行分析讨论。

（4）案例分析题（通过小案例提高学生分析问题、解决问题的应用能力，增强维权能力）。

请分析：以下案例侵犯了消费者的哪些权利？

① 劣质热水器致人中毒死亡。

② 一斤螃蟹带二两草绳。

③ 酒楼点菜和结账用不同的菜单。

④ 盗版光盘当作正版卖。

（5）根据《消费者权益保护法》应该掌握的知识内容，谈谈你对维护消费者权益和解决争议的理解认识。

（6）教师进行课堂总结。

## 三、实训注意事项

（1）教师要引导学生积极进行案例和实例的收集和讨论。

（2）引用典型案例，培养和提高学生的学习兴趣和实际应用能力。

（3）学生组长要切实负责，使讨论形成气氛，取得效果。

## 思考与练习

### 一、填空题

1. 消费者为＿＿＿＿＿＿需要购买、使用商品或者接受服务，其权益受《消费者权益保护法》的保护。

2. 消费者在＿＿＿＿＿、＿＿＿＿和＿＿＿＿＿时享有人身、财产安全不受损害的权利。

3. 经营者应当向消费者提供有关商品或服务的真实情况，不得作＿＿＿＿＿＿的虚假宣传。

4. 为了保障消费者的公平交易权，经营者不得以＿＿＿＿＿＿、通知、声明、店堂告示等方式作出对消费者＿＿＿＿＿、＿＿＿＿＿规定。

5. 消费者组织不得从事＿＿＿＿＿和＿＿＿＿＿，不得以牟利为目的＿＿＿＿＿。

6. 国家鼓励，支持一切组织和个人对损害消费者合法权益的行为进＿＿＿＿＿监督。

7. 根据《消费者权益保护法》的规定，＿＿＿＿＿是全社会的共同责任。

8. 消费者协会的职能之一，是受理消费者的投诉，并对投诉事项进行＿＿＿、＿＿＿。

### 二、单项选择题

1. 经营者提供商品或服务有欺诈行为的，应当按照消费者的要求增加赔偿其受到的损失，增加赔偿的金额为消费者购买商品价款的（　　）。

A. 1 倍　　B. 2 倍　　C. 3 倍　　D. 4 倍

2.“售出商品概不退换”侵犯了消费者的（　　）。

A. 自主选择权　　B. 公平交易权　　C. 知悉真情权　　D. 依法求偿权

3. 对（　　），消费者要求经营者修理、更换、退货的，经营者应当承担运输等合理费用。

A. 经营的一切商品　　B.“三包”的商品

C.“三包”的家用电器　　D.“三包”的大件商品

4. 消费者购买商品发现质量问题，首先应到（　　）交涉。

A. 售货商店　　B. 工商行政管理机关

C. 消费者协会　　D. 生产厂家

5. 国家对消费者的保护有多种方式，其中消费者协会的监督属于（　　）。

A．行政监督　　B．社会监督　　C．行业管理监督　　D．司法监督

6．经营者提供商品或者服务时，消费者索要购货凭证或者服务单据的，经营者（　　）。

A．对金额较大的才出具　　B．对金额较小的可不予出具

C．必须提供　　D．依其意愿决定

7．消费者因经营者利用虚假广告提供商品或服务，其合法权益受到损害的，可以向（　　）要求赔偿。

A．广告播放者　　B．广告设计者　　C．广告经营者　　D．广告制作者

8．当顾客询问某一商品的情况时，售货员拒不回答，这种行为侵犯了消费者的（　　）。

A．名誉权　　B．受尊重权　　C．知悉权　　D．选择权

9．我国明确规定，“商店提供商品应当明码标价”的法律是（　　）。

A．《产品质量法》　　B．《反不正当竞争法》

C．《合同法》　　D．《消费者权益保护法》

10．消费者甲在某商场购得1台多功能食品加工机，回家试用后发现该产品只有1种功能，遂向商场提出退货，商场答复：该产品说明书未就其使用性能作明确说明，且产品本身无质量问题，所以顾客应向厂家索赔，商场概不负责，对此，该消费者（　　）。

A．应当要求销售者给予退换

B．只能向生产者要求退换

C．可选择向销售者或生产者要求退换并给予赔偿

D．因未当场认真检验产品，所以不能要求退换

11．某门市部在所销售的散装酒中掺水，但在未出卖前即被查出。对此，可对该部门处以（　　）罚款。

A．5000元以下　　B．1000元以下　　C．10000元以下　　D．20000元以下

12．陈某在商场购买了一台健身器，按其说明书上叙述应当有35种功能，但是实际只有7种功能。对此，陈某可以（　　）。

A．要求商场退换　　B．要求生产厂家退换

C．要求商场或者生产厂家退换　　D．不能要求退换

13．对国家规定或者生产经营者约定包退、包修、包换的“三包”产品，在保修期内经（　　）修理，仍不能正常使用的，经营者应当负责更换或者退货。

A．一次　　B．两次　　C．三次　　D．四次

14．对“三包”的大件商品消费者要求经营者修理、更换、退货的（　　）。

A．消费者应当承担费用　　B．经营者应当承担费用

C．经营者与消费者共同承担费用　　D．生产者与经营者共同承担费用

## 三、判断题

1．出租车主强拉客人乘车的强制交易行为侵犯消费者自主选择权。（　　）

2．消费者协会对投诉事项涉及商品和服务质量问题的，有权自己作鉴定，并得出鉴定结论。（　　）

3．经营者不得搜查消费者的身体及其携带的物品。（　　）

4．消费者购买商品发现质量问题，首先应到售货商店进行交涉。（　　）

5．不论消费者主观动机如何，只要经营者提供商品或服务时有欺诈行为，都应赔偿。（　　）

6．1985年国际消费者联盟确定每年3月15日为“国际消费者权益日”。（　　）

## 四、名词解释

1．消费者权益　2．消费者权益保护法　3．知悉权　4．消费者协会

## 五、简答题

1．经营者有哪些义务？

2．消费者有哪些权利？

3．消费者协会的职能有哪些？

4．简述经营者不得从事不公平、不合理的交易义务的内容。

5．简述经营者损害消费者权益应承担民事责任的几种情况。

## 六、案例分析题

1．农民姚某到本市金丝家具公司购买家具，他在一套标价25万元的红木家具中的一把椅子上坐了一下，不料，椅子背忽然向后掉落到地上，上半截处断裂。顿时，这家公司多人围将上来，其负责人先是要求他出25万元把全套家具买走。在姚某连声哀求下，便提出要他赔偿1万元。经姚某一再喊冤叫屈，最后赔付5000元了结此事。金丝家具公司的行为是否合法，为什么？

2．小王和小列夏天去某风景名胜区旅游。时值酷暑，他们看到有卖西瓜的，就决定买西瓜。先来到一个摊前挑拣，此时摊主十分热情。后来，小王和小列决定货比三家，多看几家。就离开了这个瓜摊。这时，摊主立即变脸，气势汹汹，要求他们买他的西瓜，并操起西瓜刀扬言“你们碰了我的瓜就得买，否则就是嫌我的瓜不好，败坏我的商业信誉”。后来，小王、小列迫不得已买了一个西瓜，扫兴而归。请分析：西瓜摊主的行为侵犯了消费者哪些权益？

3．张某到某超市购物，因没找到合适的商品正欲离开时，超市的保安怀疑他偷走了东西没结账，将其带入保安室，强行对他进行搜身，并打开张某的包进行检查，没有发现东西，保安当即向张某道歉，并解释说：“我们商店有规矩，因超市采取开架售货方式，要求保安人员加强管理，对嫌疑人员保安有权进行搜查，这个规定在商场门口贴了告示。”张某觉得精神受到很大伤害，向人民法院提起诉讼。问:（1）超市是否侵犯了张某的权益？（2）超市的行为错在哪里？（3）如何处理？

# 第8章

# 产品质量法

## 学习目标

（1）了解产品、产品质量、产品质量法等，理解产品质量法的特点。

（2）理解产品质量的监督和管理。

（3）掌握生产者、销售者的产品质量责任和义务。

（4）掌握违反产品质量法的法律责任。

## 任务描述

学习产品质量法，明确产品质量责任，能运用生产者、销售者的产品质量义务、违反产品质量法的法律责任判定等知识保护消费者的合法权益，维护社会经济秩序。

## 导入案例

2008年9月，甘肃、江苏、陕西、湖北等地医疗机构陆续收治了多例婴儿泌尿系统结石患者，经查这些婴儿均处于哺乳期，均曾经服用过或仍在服用同一品牌奶粉。国家相关部门最终调查结果证明，该奶粉制品是婴儿泌尿系统结石致病原因。

## 案例思考

（1）请问，该奶粉制品是否存在质量问题？

（2）生产厂家应承担哪些法律责任？

加强国家对产品质量的监督管理，促使生产者、销售者保证产品质量；明确产品质量责任，严厉惩治生产、销售假冒伪劣产品的违法行为；切实地保护用户、消费者的合法权益，完善我国的产品质量民事赔偿制度；遏制假冒伪劣产品的生产和流通，维护正常的社会经济秩序。

# 8.1 产品质量法概述

知识链接

产品是指人们运用劳动手段对劳动对象进行加工而成，用于满足人们生产和生活需要的物品。我国《产品质量法》所确定的“产品”，是指经过加工、制作，用于销售的动产，不包括不动产。

## 8.1.1 产品质量

产品质量是指产品符合人们需要的内在素质与外观形态的各种特性的综合状态。包括产品的性能、适用性、安全性、耐用性、经济性、卫生性等多方面的内容。

## 8.1.2 产品质量法的概念

产品质量法，是指调整产品生产与销售，以及对产品质量进行监督管理过程中所形成的社会关系的法律规范的总称。

广义的产品质量法是指以产品质量为对象，由不同立法机关制定并具有不同层次效力的法律。

狭义的产品质量法是指《中华人民共和国产品质量法》，该法共有 6 章 74 条。

知识链接

《中华人民共和国产品质量法》是于 1993 年 2 月 22 日第七届全国人大常委会第三十次会议通过的，该法自 1993 年 9 月 1 日起正式实施。

根据 2000 年 7 月 8 日第九届全国人民代表大会常务委员会第十六次会议《关于修改〈中华人民共和国产品质量法〉的决定》予以修正，自 2000 年 9 月 1 日起施行。

### 8.1.3 产品质量法的特点

（1）治理综合化。我国产品质量法要求动员国家、社会、企业、个人等上下内外一切力量，进行全方位的综合治理，并综合运用民事、行政、刑事等多种法律手段，解决产品质量问题。

（2）管理系统化。从产品生产起始，至产品运输、保管、销售等各个环节，进行系统的管理和监督，努力保证产品质量，减少产品质量问题发生，最大限度地保护用户、消费者利益。

（3）功能社会化。我国的产品质量法既要明确产品责任，保护用户、消费者利益，又要维护社会经济秩序和社会利益，将对社会个体利益的保护和对社会整体利益的保护协调结合起来。



## 8.2 产品质量的监督与管理

### 8.2.1 产品质量管理制度

1. 企业质量体系认证制度

企业质量体系认证是对产品质量进行科学管理的制度。它通过一定的方法和程序，把企业的质量保证工作加以标准化和制度化，以达到保证产品质量的目标。具体说，它是由国家认可的认证机构，对自愿申请认证的企业的质量体系，进行检查、确认、颁发认证证书，以证明企业质量体系和质量保证能力符合相应标准要求的活动。

企业质量体系认证的依据是国际通用的“质量管理和质量保证”系列标准，即国际标准化组织（ISO）于 1987 年 3 月正式发布的 ISO 9000 系列标准。它已为大多数国家所接受，具有世界公认的通向国际市场的“通行证”性质。经认证，可以提高企业信誉，增强市场竞争力。企业质量体系认证的认证机构是国务院技术监督部门或由其授权的部门认可的认证机构，一般指行业认证委员会。



2. 产品质量认证制度

产品质量认证是依据产品标准和相应技术要求，经认证机构确认并通过颁发证书和认证标志，以证明企业某一产品符合相应标准和相应技术要求的活动。

产品质量认证也是由企业自愿申请的（法律另有规定的除外），是由国家技术监督局或其授权部门认可的认证机构——行业认证委员会，根据有关标准和技术要求对企业产品进行认证，予以确认的活动。但二者之间有着明显的区别。

（1）认证的客体不同。企业质量体系认证是对企业质量保证体系整体的认证，产品质量认证则只是对企业某一产品的质量认证。

（2）二者采纳的标准不同。企业质量体系认证依据国际通用的质量管理标准，其在国际市场上有较强的可信度。而产品质量认证往往以国家标准或行业标准为依据，国际市场上的可信度会降低。

（3）获得企业质量体系认证，并不意味着就直接获得产品质量认证。

产品质量认证分为安全认证和合格认证。实行安全认证的产品，必须符合《产品质量法》和《标准化法》的有关规定；实行合格认证的产品，必须符合《标准化法》规定的国家标准或者行业标准的要求。

3. 产品质量标准制度

产品质量标准分四个等级，即国家标准、行业标准、地方标准和企业标准。

国家标准是国家对全国经济、技术发展有重大意义的工业产品的主要性能和特性所做的统一规定，为从事产品设计、生产、检验、包装等提供依据。

行业标准是对没有国家标准而又需要在全国某个行业范围内统一的技术要求。它由国务院有关行政主管部门或行业标准化组织制定并批准发布，报国务院标准化行政主管部门备案。

地方标准由省、自治区、直辖市标准化行政主管部门制定，并报国务院标准化行政主管部门备案。

企业标准是对企业范围内需要协调、统一的技术要求、管理要求和工作要求所制定的标准。企业生产的产品没有国家标准和行业标准的，应当制定企业标准。为适应国际贸易发展的需要，我国鼓励企业积极采用国际标准和国外先进标准。

### 8.2.2 产品质量监督检查

产品质量监督，从广义上讲，是指国家、社会、用户、消费者对产品质量和产品质量认证体系所做的检验、检查、评价、措施等一系列活动的总称。因此，产品质量监督可分三种基本形式和途径。

1. 行政性监督检查

行政性监督检查包括国家监督检查和地方监督检查。

国家对产品质量实行以抽查为主要方式的监督检查制度，对可能危及人体健康和人身、财产安全的产品；影响国计民生的重要工业品；用户、消费者反映问题较多的产品进行抽查。监督抽查的方式是由国家技术监督局直接组织国家质量监督检验中心进行抽查，按季抽查和不定期抽查。

县级以上的地方产品质量监督部门在本行政区域内也可以组织监督抽查。国家监督抽查的产品，地方不得另行抽查。国家监督抽查不得向企业收取产品检验费，以保证抽查结果的公正性。国务院和地方政府的产品质量监督检查部门应当定期发布其监督检查的产品的质量状况公告。对抽查产品质量不合格的企业，应当进行整改和服查。逾期不改正的，由省级以上人民政府产品质量监督部门予以公告；公告后经复查仍不合格的，责令停业，限期整顿；整顿期满后经复查产品质量仍不合格的，吊销营业执照。

2. 舆论监督和社会团体监督

舆论监督是指广播、电视、报刊等舆论单位，按照国家的有关规定，运用新闻媒介，对产品质量进行监督。

社会团体监督主要是指消费者协会和其他消费者组织依法对产品质量进行的社会监督。

3. 用户和消费者的监督

这是对产品质量最直接的监督方式。由于此类监督主体地位相对较弱，因此需要法律作出切实有效的规定。我国的产品质量法和消费者权益保护法，赋予了用户和消费者对产品质量监督的权利，确保了这一监督渠道的畅通。

# 8.3 生产者、销售者的产品质量责任和义务



## 8.3.1 生产者产品质量责任和义务

生产者应对其生产的产品质量负责。

（1）产品质量应符合下列要求：

① 不存在危及人身、财产安全的不合理危险，有保障人体健康、人身和财产安全的国家标准、行业标准的，应当符合该标准。

此款是要求生产者不得生产“缺陷”产品。缺陷产品是具有“不合理危险”或不符合保障安全的国家标准、行业标准的产品。

② 具备产品应当具备的使用性能。但是，对产品存在使用性能的瑕疵作出说明的除外。

此款是要求生产者应当尽合同义务、担保义务。保证产品使用性能，是最一般最基本义务的要求。

③ 符合产品或其包装上注明采用的产品标准，符合以产品说明、实物样品等方式表明的质量状况。

以上三项是法律对生产者产品质量的要求，属法定要求。三项义务必须同时做到，不可或缺。

（2）产品包装标识应符合下列要求：

① 有产品质量检验合格证明。

② 有中文标明的产品名称、生产厂名和厂址。

③ 根据产品的特点和使用要求，需要标明产品规格、等级、所含主要成分的名称和含量的，相应予以标明。

④ 限期使用的产品，标明生产日期和安全使用期或者失效日期。

⑤ 使用不当容易造成产品本身损坏或可能危及人身、财产安全的产品，有警示标志或中文警示说明。

此条是对所有产品的包装标识的要求，违者可能构成瑕疵产品，也可能是缺陷产品。但并非所有产品的包装均须同时符合以上五项要求。裸装食品和难以附加标识的裸装产品，可不附加产品标识。

（3）特殊产品包装应符合下列要求：

特殊产品指有剧毒、危险、易碎、储运中不能倒置以及有其他特殊要求的产品。这些特殊产品的包装必须符合相应要求，有警示标志或中文警示说明，标明储运注意事项。

（4）不得违反《产品质量法》的禁止性规定：

① 生产者不得生产国家明令淘汰的产品。

国家明令淘汰的产品，有的是危害社会整体利益的，如浪费资源、能源，污染环境的产品；有的是威胁或危及社会个体人身健康和财产安全的产品，如一些具有潜在危险的药品。

② 生产者不得伪造产地，不得伪造或冒用他人的厂名、厂址。

③ 生产者不得伪造或者冒用认证标志、名优标志等质量标志。

④ 生产者生产产品，不得掺杂、掺假，不得以假充真、以次充好，不得以不合格产品冒充合格产品。

上述第②③④项，均属经济欺诈行为。

### 8.3.2 销售者产品质量责任和义务

1. 执行进货检查验收制度

销售者要保证所销售的产品符合质量要求，就必须严格执行进货检查验收制度，确保不让假冒产品、不合格产品进入流通流域。销售者在进货时，应当对所进货物进行检查验收，验明产品的合格证明和其他标识。

2. 采取措施保持产品质量

生产者生产的产品通过销售者到达用户、消费者那里，中间常有一段“时间差”。在此期间内，可能因销售者未采取应有的保质措施而招致产品发生瑕疵或缺陷，所以产品质量法规定了销售者的此项义务。这一规定可以促使销售者增强对产品质量的责任感，防止产品质量在经销期间失效、变质。

3. 执行产品质量标识制度

销售者销售产品的标识应当符合生产者产品或其包装上标识的要求。销售者应“严把产品标识关”，向生产者索要合法、齐全的标志和说明。销售者不可“另起炉灶”，搞假冒产品标识。销售者对用户、消费者还负有直接的告知产品警示标志和说明的义务。

4. 不得违反《产品质量法》的禁止性规定

（1）销售者不得销售失效、变质的产品。

（2）销售者不得伪造产地，不得伪造或者冒用他人的厂名、厂址。

（3）销售者不得伪造或者冒用认证标志、名优标志等质量标志。

（4）销售者销售产品不得掺杂、掺假，不得以假充真、以次充好，不得以不合格产品冒充合格产品。



## 8.4 违反产品质量法的法律责任

### 8.4.1 产品质量民事责任

产品质量民事责任，是指产品的生产者、销售者因违反产品质量法规定的或合同当事人约定的产品质量民事义务，应当承担的民事法律后果。根据《产品质量法》的规定，产品质量民事责任主要有两种，即产品瑕疵责任和产品缺陷责任。

1. 产品瑕疵责任

产品瑕疵责任是指产品不具备应有的使用性能，不符合明示采用的产品质量标准，或不符合产品说明、实物样品等方式表明的质量状况。此条是专为销售者设置的直接责任。

对有上述情形之一的，销售者即应负瑕疵担保责任。具体责任形式：负责修理、更换、退货；给购买产品的用户、消费者造成损失的，负责赔偿。

销售者先行履行“三包”及赔偿责任后，如责任在生产者、供货者，销售者有权向他们追偿。但他们之间如订有购销、加工承揽合同且另有约定的，按合同约定执行。

2. 产品缺陷责任

产品缺陷责任即产品责任，是指产品存在缺陷给受害人造成人身伤害或产品以外的财产损失所产生的法律后果。

产品缺陷与产品瑕疵是两个既有联系又有区别的概念，二者的区别主要表现在：一是含义不同。产品瑕疵较产品缺陷的含义更广泛，包括产品的实用性、安全性、可靠性、维修性等各种特征和特性方面的质量问题，而产品缺陷则主要是产品在安全性、可靠性等特性方面存在可能危及人体健康和人身、财产安全的不合理危险。二是责任性质不同。产品瑕疵责任是合同责任，产品缺陷责任是特殊的民事侵权责任。三是承担责任的条件不同。产品只要有瑕疵，不论是否造成损害后果，都要承担违约责任。而产品仅存在缺陷，尚未造成损失后果的，则不能构成产品缺陷损害责任。

产品缺陷的构成要件是：第一，产品存在缺陷。根据《产品质量法》的规定，缺陷是指产品存在危及人身、他人财产安全的不合理的危险，或不符合保障人体健康，人身、财产安全的国家标准、行业标准的产品。可见缺陷的实质是产品缺乏合理的安全性，即存在危及人身、他人财产安全的不合理危险，这种危险可能出自产品的设计、产品的制造，也可能出自产品的表示不符合规定。第二，产品缺陷造成了损害。只有在产品缺陷造成了受害人的实际损失时，才构成产品缺陷损失责任。第三，产品缺陷和损害事实之间存在必然的因果关系。

（1）生产者产品责任。《产品质量法》规定：因产品存在缺陷，造成人身损害以及缺陷产品以外的其他财产损害的，生产者应当承担赔偿责任。 如果生产者能证明有下列情形之一的，可以免责：未将产品投入流通的；产品投入流通时，引起损害的缺陷尚不存在的；将产品投入流通时的科学、技术水平尚不能发现缺陷存在的。

（2）销售者产品责任。《产品质量法》规定：第一，由于销售者的过错使产品存在缺陷，造成人身、他人财产损害的，销售者应当承担赔偿责任。第二，销售者不能指明缺陷产品的生产者、供货者的，销售者承担赔偿责任。

(3)产品责任处理。产品责任处理即对已发生的产品责任的追究程序和具体责任形式。

第一，产品责任追究程序。《产品质量法》规定："因产品存在缺陷，造成人身、他人财产损害的，受害人可以向产品的生产者要求赔偿，也可以向产品的销售者要求赔偿"。生产者、销售者履行赔偿责任后，其相互之间的责任追究问题，实行过错原则，非责任方可向过错方追偿。

第二，责任形式。一是人身伤害责任。《产品质量法》规定："因产品存在缺陷造成受害人人身伤害的，侵害人应当赔偿医疗费、因误工减少的收入、残废者生活补助费等费用，造成受害人死亡的并应当支付丧葬费、抚恤费、死者生前抚养的人的必要的生活费等费用"；二是财产损失责任。《产品质量法》规定："因产品存在缺陷造成受害人财产损失的，侵害人应当恢复原状或者折价赔偿。受害人因此遭受其他重大损失的，侵害人应当赔偿损失"。

(4) 产品责任时效。

第一，诉讼时效。《产品质量法》规定了产品责任的诉讼时效为 2 年，自当事人知道或应当知道其权益受到损害时起计算。

第二，请求权时效。《产品质量法》规定了要求赔偿的请求权期限为 10 年。但是未超过明示的安全使用期的除外。

**案例 8－1**

2000 年 7 月，郑州市京华幼儿园从金水小太阳玩具服务部购进滑梯一部。2003 年 2 月 17 日下午，幼儿园小班学生小桐桐在玩滑梯时，他的衣领左边扣子被封闭式滑梯滑道与滑梯连接处的缝隙卡住，致其窒息死亡。经查，该滑梯的滑梯与滑道连接处有缝隙，滑道封闭过严，没有透视孔、透视窗。

请分析：

(1) 小桐桐的家长若起诉小太阳玩具服务部应依据什么法律?

(2) 幼儿园在向小桐桐家长支付了 15 万元赔偿金后，现以玩具"存在严重质量瑕疵"为由起诉小太阳玩具服务部，幼儿园会胜诉吗？为什么？

**案例分析**

(1) 小桐桐的家长若起诉小太阳玩具服务部应依据《产品质量法》。

(2) 不会。因为玩具不是存在严重质量瑕疵，而是存在质量缺陷。

课堂随笔

**案例 8-2**

吴某于1999年9月从市场买回一只高压锅，使用初期，高压锅能正常使用，未出现异常。2000年10月7日，当吴某做饭时，高压锅发生爆炸，锅盖飞起，天花板被冲裂，玻璃震碎，放在橱柜上的微波炉也因此损坏。事故发生后，吴某找高压锅的生产厂家要求赔偿，该厂提出，吴某购买的高压锅已经使用一年多了，早已过了保修期，因此厂家不负任何责任。吴某与该厂交涉多次无果，遂向人民法院提起诉讼，要求该厂赔偿损失计5000元。

请分析：

（1）厂家以保修期已过为由拒绝承担责任的理由能否成立，为什么？

（2）吴某应在什么期限内提起诉讼，人民法院是否应当受理吴某的诉讼？

**案例分析**

（1）厂家的理由不能成立。因为保修期的约定只是说明厂家提供给消费者免费修理其产品的期限，但并不意味着消费者丧失了请求法院保护的权利。二者之间没有必然的联系。只要在法律规定的期限内主张自己的合法权益，都是有效的。

（2）《产品质量法》规定，产品质量诉讼时效期间为2年，从当事人知道或者应当知道其权益受到损害时起计算。因产品存在缺陷造成损害，要求赔偿的请求权，在造成损害的缺陷产品交付最初用户、消费者满10年丧失。本案中，吴某使用高压锅仅一年多，并且在发生事故后马上与厂家联系，后交涉无果，才诉诸法院，其行为完全符合法律规定的诉讼时效，因此，法院应当判决由厂家赔偿其全部损失。

课堂随笔

## 8.4.2 产品质量行政责任

产品质量行政责任是指生产者、销售者因违反产品质量监督管理法律、法规，而应承担的法律后果。产品质量行政责任的“客体”包括瑕疵产品、缺陷产品以及违反产品质量标准和违反产品质量监督管理法律、法规的行为。产品质量行政责任由技术监督部门、工商行政管理部门追究和制裁。

产品质量行政责任只适用过错责任原则。

产品质量行政责任的种类及罚则包括：

1. 生产、销售不符合国家标准、行业标准的产品

凡生产不符合保障人体健康，人身、财产安全的国家标准、行业标准的产品，责令停止生产，没收违法生产的产品和违法所得，并处违法所得1倍以上5倍以下的罚款，可以吊销营业执照。销售上述产品的，责令停止销售。销售明知是不符合保障人体健康，人身、

财产安全的国家标准、行业标准的产品的，没收违法销售的产品和违法所得，并处以罚款，可以吊销营业执照。

2. 生产、销售伪劣产品

生产者、销售者在产品中掺杂、掺假，以次充好，或者以不合格产品冒充合格产品的，违法所得数额2万元以上不满10万元、情节较轻的，责令停止生产、销售，没收违法所得，并处违法所得1倍以上5倍以下的罚款，可以吊销营业执照。

3. 生产国家明令淘汰的产品

生产国家明令淘汰的产品的，责令停止生产，没收违法生产所得的产品和违法所得，并处违法所得1倍以上5倍以下的罚款，可以吊销营业执照。

4. 销售变质、失效的产品

销售变质、失效的产品，责令停止销售，没收违法销售所得的产品和违法所得，并处违法所得1倍以上5倍以下的罚款，可以吊销营业执照。

5. 生产者、销售者伪造产品产地

生产者、销售者伪造产品产地的，伪造或冒用他人厂名、厂址，伪造或冒用认证标志、名优标志等质量标志的，责令公开更正，没收违法所得，可以并处罚款。

6. 产品标识不符合法律规定

产品标识不符合《产品质量法》规定的，责令改正；有包装的产品标识不符合《产品质量法》规定的，情节严重的，可以责令停止生产、销售，并可处以违法所得15%～20%的罚款。

7. 伪造检验数据或结论

伪造检验数据或结论的，责令更正，可以处以所收检验费1倍以上3倍以下的罚款；情节严重的，吊销营业执照。

从事产品质量监督管理的工作人员滥用职权、玩忽职守、徇私舞弊，尚未构成犯罪的，给予行政处分。



执行行政处罚的机关应为产品质量监督部门（技术监督局）和工商行政管理部门（法律、行政法规另规定行使处罚权的除外），吊销营业执照处罚，只能由工商行政管理部门执行。

### 8.4.3 产品质量刑事责任

1. 生产者、销售者的刑事责任条款

（1）生产、销售不符合保障人体健康，人身、财产安全的国家标准、行业标准的产品，构成犯罪的，依法追究刑事责任。

（2）生产者、销售者在产品中掺杂、掺假，以次充好，或者以不合格产品冒充合格产品，构成犯罪的，依法追究刑事责任。

（3）销售变质、失效的产品，构成犯罪的，依法追究刑事责任。

（4）以行贿、受贿或者其他非法手段采购以上三种产品及国家明令淘汰的产品，构成犯罪的，依法追究刑事责任。

2. 国家工作人员的刑事责任条款

《产品质量法》规定，从事产品质量监督管理工作的国家工作人员滥用职权、玩忽职守、徇私舞弊，以及包庇追究产品质量刑事责任的企业单位或个人，使之不受追诉，根据不同情况依照刑法规定追究刑事责任。

3. 其他刑事责任

《产品质量法》规定，以使用暴力、威胁方法阻碍从事产品质量监督管理的国家工作人员依法执行职务的，依照刑法有关规定追究刑事责任。

未使用暴力、威胁方法阻碍上述人员执行公务的，按《治安管理处罚条例》的规定处罚。

**本章实训**

学习《产品质量法》，明确产品质量责任，能运用生产者、销售者的产品质量义务、违反产品质量法的法律责任判定等知识保护消费者的合法权益，维护社会经济秩序。

## 一、实训目标

为培养学法、懂法、用法，提高学生灵活运用所学知识分析实际问题的能力，组织学生学习产品质量法，理解、掌握产品质量法的内容，教师组织学生参与社会实践，收集资料和课堂讨论，进行实训。

## 二、实训步骤

（1）针对基础理论学习内容，由教师提出问题：违反产品质量法有哪些法律责任？

（2）根据市场实际收集案例、实例。

（3）学生分组对收集的案例、实例进行分析讨论。

（4）案例分析题。

以下案例中违反了产品质量法的何种责任：

① 啤酒瓶爆炸致人身体受伤。

② 印制假冒名牌灭蚊药片的包装盒。

③ 某食品厂大量使用霉变及退回馅料生产月饼。

（5）教师进行课堂总结。

## 二、实训注意事项

（1）教师要引导学生积极进行案例和实例的收集和讨论。

（2）引用典型案例，培养和提高学生的学习兴趣和实际应用能力。

（3）学生组长要切实负责，使讨论形成气氛，取得效果。

## 思考与练习

### 一、填空题

1. 建设工程不适用《产品质量法》规定；但是，建设工程使用的 ________、________ 和 ________，属于前款规定的产品范围的，适用本法规定。

2. 限期使用的产品，必须标明 ________ 日期和 ________ 或者 ________ 日期。

3. 生产者不得伪造或者冒用 ________ 标志、________ 标志等质量标志。

4. 销售者应当执行进货检查验收制度，验明 ________ 和其他标识。

5. 因产品存在缺陷造成损害要求赔偿的诉讼时效为 ________ 年。

6. 产品质量责任是指产品的生产者，销售者违反《产品质量法》的规定，不履行法律规定的 ________ 而应承担的 ________。

7. 我国《产品质量法》明确规定了判定产品质量的依据，主要包括 ________ 和产品 ________、存在缺陷三个方面。

8. ________ 是生产者的首要义务。

### 二、单项选择题

1. 下列产品属于《产品质量法》调整的范围是（　　）。

A. 药品质量　　B. 建筑工程质量

C. 食品卫生质量　　D. 建筑材料质量

2.《产品质量法》所称的“货值金额”以（　　）计算。

A. 违法生产、销售产品的标价

B. 违法生产、销售产品的实际售价

C. 违法生产、销售产品的当事人自述的价格

D. 物价部门的评估价格

3. 生产者、销售者对抽查检验的结果有异议的，可以自收到检验结果之日起（　　）日内向实施监督抽查的产品质量监督部门或者其上级产品质量监督部门申请复检。

A. 7　　B. 10　　C. 15　　D. 30

4. 某厂发运一批玻璃器皿，以印有“龙丰牌方便面”的纸箱包装，在运输过程中，由于装卸工未细拿轻放而损坏若干件，该损失应由下列哪个部门承担（　　）。

A. 装卸工承担　　B. 装卸工的雇主承担

C. 运输部门承担　　D. 某厂承担

5. 某厂开发一种新型节能炉具，先后制造出 10 件样品，后来样品有 6 件丢失。1996

年某户居民的燃气罐发生爆炸，查明原因是使用了某厂丢失的6件样品炉具中的一件，而该炉具存在重大缺陷。该户居民要求某厂赔偿损失，某厂不同意赔偿，下列理由中哪一个最能支持某厂立场（　　）。

A．该炉具尚未投入流通

B．该户居民如何得到炉具的事实不清

C．该户居民偷盗样品，由此造成的损失应由其自负

D．该户居民应向提供给其炉具的人索赔

6．一日，李女士在家中做饭时高压锅突然爆炸，李女士被炸飞的锅盖击中头部，抢救无效死亡。后据质量检测专家鉴定，高压锅发生爆炸的直接原因是设计不合理，使用时造成排气孔堵塞而发生爆炸，本案中，可以以下列哪种依据判定生产者承担责任（　　）。

A．产品存在的缺陷　　B．产品买卖合同约定

C．产品默示担保条件　　D．产品明示担保条件

7．对限期使用的产品，没有标明生产日期或者安全使用期的，处货值金额（　　）的罚款。

A．10% 以下　　B．20% 以下

C．30% 以下　　D．40% 以下

8．在产品中掺杂、掺假，以假充真，以次充好的，责令停止生产、销售，没收违法生产、销售的产品，并处违法生产、销售产品货值（　　）的罚款。

A．1倍以上5倍以下　　B．50% 以上3倍以下

C．等值以上3倍以下　　D．3倍以下

9．（　　）可以不附加产品标识。

A．瓶装白酒　　B．罐装饮料　　C．散装月饼　　D．皮鞋

10．王某从某商场购得一台电暖器（商场未声明有质量问题），放置一年半后使用时因漏水而触电受伤，为此王某支付医疗费3000元。根据诉讼时效规定，王某欲起诉获得法院支持应根据下列何法（　　）。

A．《民法通则》　　B．《产品质量法》

C．《合同法》　　D．《民法通则》或《产品质量法》

11．依照《产品质量法》的规定，下列何种产品属于该法所称的产品（　　）。

A．芝麻油　　B．大坝　　C．冰毒　　D．电力

12．《产品质量法》规定产品质量责任包括（　　）。

A．企业赔偿责任，商家赔偿责任

B. 产品责任，民事责任，行政责任，刑事责任

C. 一切责任

D. 法律责任

## 三、判断题

1. 因产品存在缺陷造成人身、他人财产损害的，由生产者承担赔偿责任，销售者不承担赔偿责任。 （ ）

2. 裸装的食品的其他根据产品的特点难以附加标识的裸装产品，可以不附加产品标识。 （ ）

3.《产品质量法》调整的范围是所有经过加工、制作并用于销售的产品。 （ ）

4. 因产品存在缺陷而造成损害，受害人要求赔偿的请求权，不受时间的限制。（ ）

5. 国家按照国际通用的质量管理标准，推行企业产品质量论证制度。 （ ）

6. 根据规定，建筑水泥是建设工程的构成要素之一，因此水泥质量不适用《产品质量法》。 （ ）

## 四、名词解释

1. 产品质量

2. 产品质量法

3. 产品质量监督检查

## 五、简答题

1. 销售者有哪些产品质量责任和义务？

2. 简述对生产、销售伪劣产品的企业应如何处理。

3. 简述违法产品质量法应承担民事责任的几种情况。

## 六、案例分析题

1. 宋某在商场购买一台彩色电视机，并附有产品合格证。宋某使用两个多月后，电视机出现图像不清的现象，后来音像全无。宋某去找商场要求更换，商场言称电视机不是他们生产的，让宋某找电视机厂进行交涉。请分析：销售者应当承担怎样的责任？

2. 刘某与某机械厂的王某是好朋友，一日李某到机械厂办事，顺便找王某聊天。刘某走时发现自行车没气了，就问王某有无气筒，王某顺手拿起一个气筒递给刘某说："这是我们厂新出的一批气筒的样品，你用吧。"当刘某拿起气筒打气时，气筒栓塞脱落，栓塞飞到刘某脸上造成伤害，刘某花去医疗费 1600 元，要求机械厂予以赔偿。请分析：机械厂是否应当承担产品质量法的损害赔偿责任？刘某应如何保护自己的合法权益？

# 第9章

# 价 格 法

## 学习目标

（1）了解价格及价格法的基本内容。

（2）了解我国的主要价格形式和现行的价格管理体制。

（3）掌握经营者的价格权利与义务。

（4）理解违反价格法的法律责任。

## 任务描述

学习价格法，了解价格法的主要内容，依法规范经营者的价格行为。

## 导入案例

2012年3月，杭州好又多百货有限公司销售淡菜干时，同时使用两张商品标价签标示价格，其中，一张标价签标明的零售价格是41元/500克，而其向消费者的实际结算价格是45元/500克。

## 案例思考

该行为是否构成价格欺诈行为？市物价局应如何处理？

《价格法》在经济法中具有重要地位，是国家实行宏观调控的重要手段。通过学习，加深对《价格法》知识的掌握和重要性的认识。

# 9.1 价格法概述

## 9.1.1 价格

价格是商品价值的货币表现。价格有狭义和广义之分。狭义的价格仅指商品和服务的价格。广义的价格，包括劳动力、土地、资本、技术、信息等各种生产要素的价格。我国《价格法》所规范的价格是指狭义的价格。

## 9.1.2 《价格法》概述

广义上的《价格法》，是调整在国家宏观调控和市场规制过程中形成的价格关系的法律规范的总称。狭义上的《价格法》，是指《中华人民共和国价格法》，该法共 7 章 48 条，对价格运行的各个环节和国家价格管理的有关内容等作出了比较全面的规定。

《价格法》与经济法中的反不正当竞争法等关系密切。《价格法》通过规范政府和市场主体的价格行为，改善国家宏观调控，保障市场机制的公平和效率，保障经营者和消费者的合法权益，从而实现《价格法》的经济社会功能。

**知识链接**

《中华人民共和国价格法》由中华人民共和国第八届全国人民代表大会常务委员会第二十九次会议于 1997 年 12 月 29 日通过，1998 年 5 月 1 日起施行。以下简称《价格法》。

# 9.2 价格形式

《中华人民共和国价格法》规定我国实行市场调节价、政府指导价、政府定价三种价格形式。

1. 市场调节价

市场调节价是由经营者自主制定，通过市场竞争形成的价格。

但必须指出，经营者自主定价，不是完全根据经营者的主观意愿随意定价，其核心是通过市场竞争来形成。从政府对市场价格监管的角度而言，凡是已明确放开由市场形成价格的，都必须要坚决放开让市场自发形成价格，不能随意收回定价权，或对其价格形成进行任意干预，但是政府可以通过对经营者价格行为的规范，间接调控市场价格，促进市场调节价的合理形成。

2. 政府指导价

政府指导价是由政府价格主管部门或其他有关部门按照定价权限和范围规定基准价及其浮动幅度，指导经营者制定的价格。

政府指导价是一种具有双重定价主体的价格形式，由政府规定基准价及浮动幅度，引导经营者据此制定具体价格。政府通过制定基准价和浮动幅度，达到控制价格水平的目的。经营者可以在政府规定的基准价和浮动幅度内灵活地制定调整价格。

3. 政府定价

政府定价是由政府价格主管部门或者其他有关部门按照定价权限和范围制定的价格。

政府定价的主体是政府价格主管部门或者政府其他有权部门。政府定价具有强制性。凡实行政府定价的商品价格和服务价格，不经价格主管部门或者其他有权部门批准，任何单位和个人都无权变动。否则，属于违法行为。

**知识链接**

政府指导价、政府定价是政府对价格的直接管理，其本身属于政府价格行为；市场调节价是由市场竞争形成的，其价格行为属于经营者价格行为，政府对其不进行直接管理，但可以通过经济的、法律的和行政的手段进行间接干预。

**案例 9-1**

杭州某医疗门诊部以 36 元 / 支的价格向消费者销售“维 A 酸乳膏 15g × 3.75mg” 14 支，超过《浙江省物价局关于贯彻国家基本药物零售指导价格的通知》浙价费〔2009〕255 号规定的 11.2 元 / 支的政府指导价，合计多收 347.2 元。请分析：该门诊部的行为有什么不当？

**案例分析**

该门诊部的行为涉嫌不执行政府指导价的价格违法行为，市物价局应依法责令该单位将多收价款退还消费者，并将对其处以违法所得 5 倍以下的行政罚款。

**课堂随笔**

# 9.3 价格管理体制

## 9.3.1 价格管理体制

价格管理体制亦称价格体制，是国家制定、调节、管理价格的职权、机构和制度的总称。包括以下三方面：

（1）是价格管理形式的结构。

这是国家价格管理行为所决定的价格体制类型。如高度集中型的计划价格体制，或高度分散型的市场价格体制。这是价格管理体制的核心。

（2）是中央与地方政府价格管理机构设置及其权限划分与调整。

基本原则：大权集中、小权分散、分级管理。凡是关系整个国民经济发展状况的、具有全国意义的重要政策制定和重要价格管理，权在中央。

（3）是国家制定、调整、监督和调控价格的各种制度。

由于价格管理属于一个生产关系范畴，而价格体制属一个上层建筑范畴。因此，价格管理目标主要包含两个方面：一是有效发挥市场价格配置资源的基础性作用，保证价格能灵敏地反映市场供求变动和资源稀缺程度，向社会传递正确的资源导向信号，合理调整各方面的经济利益，给企业以优化配置资源的压力与动力。二是使价格的作用与国民经济的总体目标相一致，克服市场价格的弱点和不足，保证社会经济稳定协调发展。故政府的价格管理，不仅体现在价格形式环节而且体现在价格运行的整个环节，不仅要在宏观经济政策上进行管理，而且对微观价格行为也要进行必要的调控。

**知识链接**

政府价格决策听证，是指制定（包括调整）实行政府指导价或者政府定价的重要商品和服务价格前，由政府价格主管部门组织社会有关方面，对制定价格的必要性、可行性进行论证。

## 9.3.2 价格体系

价格体系是指价格的种类和各种差价、比价之间的比例关系的总和。

商品在交换过程中，形成不同种类的价格，以及不同种商品的各种比价，同一商品的各种差价。不同种类的价格、差价、比价形成相互制约的价格关系，构成有机联系的价格体系。

故价格体系又可划分为：计划价格体系和非计划价格体系；差价体系和比价体系等。价格管理体制和价格体系是价格改革的主体，而价格机制是价格改革的核心。

# 9.4 经营者的价格权利与义务

1. 经营者的价格权利

《价格法》规定，经营者进行价格活动，享有下列权利：

（1）自主制定属于市场调节的价格。

（2）在政府指导价规定的幅度内制定价格。

（3）制定属于政府指导价、政府定价产品系列中的新产品的试销价格，特定产品除外。

（4）检举、控告侵犯其自主定价权利的行为。

2. 经营者的价格义务

《价格法》规定，经营者进行价格活动必须履行以下义务：

（1）遵守法律、法规。

（2）执行依法制定的政府指导价、政府定价。

（3）执行法定的价格干预措施、紧急措施。

（4）实行明码标价。

# 9.5 价格监督检查

价格监督检查，是指价格主管部门依法对价格管理相对人遵守价格法律、法规、规章、政策情况所进行的监督检查活动。属于行政监督检查中的一种。

## 9.5.1 价格监督检查的种类和方法

价格监督检查根据不同的标准进行分类，可分为四种：

（1）一般价格监督检查和特定价格监督检查；

（2）全面价格监督检查和专项价格监督检查；

（3）经常价格监督检查和临时价格监督检查；

（4）联合价格监督检查和单独价格监督检查。

价格监督检查的方法主要有：调查；检查；调阅审查。

价格监督检查的程序包括：表明身份；说明理由；告知权利。

### 9.5.2 价格监督检查的机构及其职责

价格监督检查的主体是县以上的各级人民政府的价格主管部门。

根据《价格法》，政府价格主管部门进行价格监督检查时，可以行使下列职权：

（1）询问当事人或者有关人员，并要求其提供说明材料和与价格违法行为有关的其他资料。

（2）查询、复制与价格违法行为有关的账簿、单据、凭证、文件及其他资料，核对与价格违法行为有关的银行资料。

（3）检查与价格违法行为有关的财物，必要时可责令当事人暂停相关营业。

（4）在证据可能灭失或者以后难以取得的情况下，可以依法先行登记保存，当事人或者有关人员不得转移、隐匿或者销毁。

此外，在价格监督检查中，经营者和工作人员有下列义务：

（1）经营者接受政府主管部门的监督检查时，应当如实提供价格监督检查所必需的账簿、单据、凭证、文件以及其他资料。

（2）政府部门价格人员不得将依法取得的资料或者了解的情况用于依法进行价格管理以外的任何其他目的，不得泄露当事人的商业秘密。

### 9.5.3 社会监督与舆论监督

职工价格监督，是职工群众参与国家和社会事务管理，支持和协助政府搞好价格管理工作，维护国家和消费者利益的一种群众性的社会监督活动。

消费者协会对价格进行社会监督，在监督时有如下职权：参与价格主管部门对商品和服务的监督检查；就有关消费者合法权益的问题，向价格主管部门反映、查询，提出建议；对损害消费者合法权益的价格行为，支持受损害的消费者提起诉讼；受理消费者的价格投诉，并对投诉事项进行调查、调解等。

居民（村民）委员会对价格行为进行监督，其重点是同人民群众生活密切相关的主副食品、日用工业消费品、农资、农副产品收购的价格和饮食、服务、修理行业、集贸市场的商品价格、收费标准以及各种非法的收费。

价格舆论监督是指新闻单位运用舆论工具，宣传价格法律、法规、规章和政策，正确引导生产、经营和消费，揭露价格违法行为，对经营者和政府有关部门的价格行为实施监督。

### 9.5.4 价格违法行为的举报制度

《价格法》对建立价格违法行为举报制度规定为，政府价格主管部门应当建立对价格违法行为的举报制度；任何单位和个人均应对价格违法行为进行举报，政府价格主管部门应当对举报者给予鼓励，并负责为举报者保密。

## 9.6 违反价格法的法律责任

《价格法》关于价格违法行为的规定，根据价格违法行为的不同情况、情节轻重，分别规定了应负的经济责任、行政责任和刑事责任，对依法进行价格的管理和监督、严明价格纪律、规范价格主体的行为提供了法律保障。

1. 经营者的法律责任

（1）经营者不执行政府指导价、政府定价以及法定的干预措施、紧急措施的，责令改正、没收违法所得，可以并处违法所得 5 倍以下罚款，无违法所得的，可处以罚款；情节严重的，责令停业整顿。

（2）经营者有《价格法》第 14 条所列禁止行为的，责令改正，没收违法所得，可并处违法所得 5 倍以下罚款；无违法所得的，予以警告，可并处罚款；情节严重的，责令停业整顿，或者由工商行政管理机关吊销营业执照。有关法律对《价格法》第 14 条所列行为的处罚及处罚机关另有规定的，可按照有关法律规定执行。

（3）经营者因价格违法行为致使消费者或其他经营者多付价款的，应当退还多付部分；造成损害的，应当依法承担赔偿责任。

（4）经营者违反明码标价规定的，责令改正，没收违法所得，可并处 5000 元以下罚款。

（5）经营者被责令暂停相关营业而不停止的，或者转移、隐匿、销毁依法登记保存的财物的，处相关营业所得或者转移、隐匿、销毁的财物价值 1 倍以上 3 倍以下的罚款。

（6）拒绝按规定提供监督检查所需资料或者提供虚假资料的，责令改正，予以警告；逾期不改正的，可处以罚款。

2. 政府及其部门的法律责任

地方各级人民政府或者各级人民政府有关部门违反《价格法》规定，超越定价权限和范围擅自制定、调整价格或者不执行价格干预措施、紧急措施的，责令改正，并可通报批评；对直接负责的主管人员和其他责任人员，依法给予行政处分。

3. 价格工作人员的法律责任

价格工作人员在价格执法过程中泄露国家秘密、商业秘密以及滥用职权、徇私舞弊，玩忽职守、索贿受贿，构成犯罪的，依法追究刑事责任；尚不构成犯罪的，依法给予行政处分。

**本章实训**

学习《价格法》，了解它对保障政府利用价格杠杆调控经济运行、规范经营者的价格行为、深化价格改革、保障消费者和经营者的合法权益、稳定价格总水平等方面发挥的重要作用。

## 一、实训目标

组织学生学习《价格法》，理解、掌握《价格法》的主要内容，提高学生解决经营者和消费者合法权益争议的能力，教师组织学生参与社会实践，收集资料和课堂讨论，进行实训。

## 二、实训步骤

（1）针对基础理论学习内容，由教师提出问题：违反《价格法》有哪些法律责任？

（2）根据市场实际收集案例、实例。

（3）学生分组对收集的案例、实例进行分析讨论。

（4）案例分析题（通过案例提高学生分析问题、解决问题的应用能力，增强维权意识）。

① 原价高得离谱，其实是在骗人：某服饰商店的所有商品不分品牌、质地、款式，一律标“原价 888 元”，而实际价格只有 39 元至 69 元不等，该店还无法提供“原价”的销售记录。

② 广告标价很低，实价高出几倍：某个体诊所刊登广告，称 108 元可解除鼻窦炎痛苦。一患者看到广告后到该诊所治疗，结果花了 3432 元仍不见好转。

③ 引诱你去抽奖，实则让你购物：南宁市一个体珠宝店与超市联营，采取抽奖方式，对中奖者进行打折、降价销售玉器等饰品，这些饰品标示的原价在该店内无销售（成交）记录。

（5）根据《价格法》应该掌握的知识内容，谈谈你对《价格法》的理解及认识。

（6）教师进行课堂总结。

## 三、实训注意事项

（1）教师要引导学生积极进行案例和实例的收集和讨论。

（2）引用典型案例，培养和提高学生的学习兴趣和实际应用能力。

（3）学生组长要切实负责，使讨论形成气氛，取得效果。

**思考与练习**

## 一、填空题

1.《中华人民共和国价格法》规定我国实行 ________、________、________ 三种价格形式。

2. 价格体系是指价格的种类和 ________、________ 的比例关系的总和。

3. 价格体系又可划分为：________ 体系和 ________ 体系；________ 和 ________ 等。

## 二、单项选择题

1.《中华人民共和国价格法》于（　　）起施行。

A．1997 年 12 月 29 日　　B．1998 年 5 月 1 日

C．1999 年 12 月 1 日　　D．1999 年 1 月 1 日

2.《价格法》所称价格不包括（　　）。

A．有偿服务价格　　B．无形资产价格

C．证券价格　　D．有形产品价格

3．国家实行并逐步完善宏观经济调控下（　　）的机制。

A．由计划和市场相结合形成价格

B．主要由计划形成价格

C．主要由市场形成价格

D．以政府定价为主形成价格

4．由经营者自主制定，通过市场竞争形成价格的定价形式被称为（　　）。

A．市场调节价　　B．政府定价　　C．政府指导价　　D．市场价

5．依照《价格法》规定，由政府价格主管部门或者其他有关部门，按照定价权限和范围规定基准价格及其浮动幅度，指导经营者制定的价格，称为（　　）。

A．市场调节价　　B．政府定价　　C．政府指导价　　D．计划价

6．（　　）统一负责全国的价格工作。

A．国务院　　B．国务院有关部门

C．国务院价格主管部门　　D．行业主管部门

7．价格的制定应当符合价值规律，大多数商品和服务价格实行（　　）。

A．政府定价　　B．政府指导价

C．市场调节价　　D．指令性价格

8．国家支持和促进公平、公开、合法的市场竞争，维护正常的价格秩序，对价格活动实行（　　）和必要的调控。

A．管理、监督　　B．管理、指导

C．管理、检查　　D．检查、指导

9．经营者定价的基本依据是（　　）。

A．生产经营成本和市场供求状况　　B．社会平均成本

C．市场供求状况　　　　　　　　D．消费者承受能力

10．经营者定价，应当遵循公平、合法和（　　）的原则。

A．公开　　　　B．信誉　　　　C．诚实信用　　　　D．不低于成本

## 三、判断题

1. 政府指导价、政府定价制定后，由县级以上物价部门向消费者和经营者公布。（　　）

2. 在市场经济条件下，所有商品的价格均可以由经营者根据市场情况自行确定。（　　）

3. 省、自治区、直辖市人民政府以及以下各级地方人民政府制定地方定价目录。（　　）

4．经营者进行价格活动必须履行明码标价的义务。（　　）

## 四、名词解释

1．市场调节价　　　　2．政府指导价　　　　3．政府定价

## 五、简答题

1．经营者进行价格活动时的权利和义务有哪些？

2．价格监督检查有哪些方法？

## 六、案例分析题

1．2007年8月2日，湖北省荆州市物价局根据群众举报，对该市沙市区豆制品经营者突然集体涨价一案进行了调查。经查发现，该市豆制品经营户于8月2日集体串通，决定统一提高豆制品价格，并贴出公告称："因今年以来黄豆价格持续上涨，经豆制品商会讨论通过，从2007年8月2日起，上调豆制品价格。"并决定提高香干子、豆腐等四种豆制品的市场销售价格，平均涨幅20%左右。请分析：这些经营者的行为是否属于哄抬物价？应如何处理？

2．2007年8月12日，西安市一超市在卖场标示鸡蛋"原价6.8元/千克，现价4.38元/千克（略低于市场平均价）"销售鸡蛋（而在本次促销前一天实际销售价为4.98元/千克），并规定顾客每人每次限购15个鲜鸡蛋，引发千人排队抢购，请分析：该超市的此种行为是否正当，应如何处理？

# 第10章

# 经济仲裁和经济诉讼

## 学习目标

（1）了解经济仲裁的原则和基本制度。

（2）了解我国仲裁机构的设置，掌握经济仲裁的程序。

（3）明确经济诉讼的含义和审判程序。

（4）了解收案范围，掌握经济诉讼管辖和时效。

## 任务描述

学习经济仲裁和经济诉讼知识，学会处理现实生活中出现的经济纠纷。

## 导入案例

甲乙两个公司买卖一批空调签订合同，合同约定如果因合同履行发生争议，愿向市仲裁委员会申请仲裁。后因合同履行发生纠纷，甲公司向某市仲裁委员会申请仲裁。仲裁庭经过审理作出裁决后，乙公司不服，拟再次申请仲裁或向法院起诉。

## 案例思考

乙公司可以再次申请仲裁或向法院起诉吗？

# 10.1　经济仲裁

在市场经济中经济利益主体的多元性和经济关系的复杂性，发生经济纠纷是不可避免的。因此采用适当的方式依法及时解决经济争议，保护当事人的合法权益，维护正常的社会经济秩序，促进社会主义市场经济的健康发展，具有十分重要的意义。

## 10.1.1　经济仲裁概述

1. 经济仲裁的概念

小贴士

什么是仲裁呢？

仲裁即居中公断，也称公断

所谓经济仲裁，是指当事人之间的经济纠纷由仲裁机构居中调解，作出判断或裁决的活动。

通常所说的经济仲裁，主要是运用仲裁方式解决和财产有关的合同纠纷、国际经济贸易纠纷、海事纠纷及其他财产权益纠纷的裁决活动。

知识链接

**仲裁法**

仲裁法就是调整在仲裁过程中发生的各种关系的法律规范的总称。

为保证公正、及时地仲裁经济纠纷，保护当事人的合法权益，保障社会主义市场经济健康发展，1994 年 8 月 31 日第八届全国人民代表大会常务委员会第九次会议审议通过了《中华人民共和国仲裁法》（以下简称《仲裁法》），并于 1995 年 9 月 1 日施行。

2. 仲裁法的适用范围

仲裁法的适用范围是指仲裁作为解决纠纷的一种方式，可以解决哪些纠纷，不能解决哪些纠纷。我国仲裁法明确规定，平等主体的公民、法人和其他组织之间发生的合同纠纷和其他财产权益纠纷，可以申请仲裁。但下列纠纷不能仲裁：婚姻、收养、监护、扶养、继承纠纷；依法应当由行政机关处理的行政争议。

3. 经济仲裁的基本原则

经济仲裁的基本原则是指运用仲裁方式解决经济纠纷过程中和在仲裁的主要阶段上起

主导作用的准则。它体现了仲裁法律制度的精神实质，是整个仲裁活动的指导原则。根据仲裁法的规定，经济仲裁的基本原则包括：

（1）自愿原则。该原则是仲裁制度的一个重要原则。它体现在：① 当事人采用仲裁方式解决纠纷，应当双方自愿，达成仲裁协议；② 向哪个仲裁委员会申请仲裁，由当事人双方协商，自愿选定；③ 仲裁事项可以由当事人双方约定；④ 仲裁员由当事人自主选定，或者委托仲裁委员会主任指定，仲裁庭的组成形式也可由当事人约定；⑤ 当事人可以约定开庭的形式、审理方式等有关程序。

（2）以事实为根据，以法律为准绳的原则。

（3）当事人双方在适用法律上一律平等的原则。

（4）仲裁依法独立进行的原则。

4. 经济仲裁的基本制度

（1）协议仲裁制度。

（2）或裁或审制度。

（3）一裁终局制度。

### 10.1.2 仲裁机构

1. 仲裁委员会

根据《仲裁法》的规定，仲裁委员会可以在直辖市和省、自治区人民政府所在地的市设立，也可以根据需要在其他设区的市设立，不按行政区划层层设立。仲裁委员会由符合《仲裁法》规定的市人民政府组织有关部门统一组建。设立仲裁委员会应当经省、自治区、直辖市的司法行政部门登记。

知识链接

**仲裁委员会应当具备的条件**

（1）有自己的名称、住所和章程。

（2）有必要的财产。

（3）有该委员会的组成成员。

（4）有聘任的仲裁员。

仲裁委员会独立于行政机关，与行政机关没有隶属关系。仲裁委员会之间也没有隶属关系。

仲裁委员会由主任1人、副主任2～4人和委员7～11人组成。仲裁委员会的组成人员中，法律、经济贸易专家不得少于2/3。

知识链接

**仲裁员的资格**

根据《仲裁法》的规定,仲裁员应当符合下列条件之一:① 从事仲裁工作满8年;② 从事律师工作满8年;③ 曾任审判员满8年;④ 从事法律研究、教学工作具有高级职称的;⑤ 具有法律知识、从事经济贸易专业工作并具有高级职称或具有同等专业水平。

仲裁委员会按照不同专业设仲裁员名单。

2. 仲裁协会

中国仲裁协会是社会团体法人，是仲裁委员会的自律性组织。仲裁委员会是中国仲裁协会的会员。中国仲裁协会的章程由全国会员大会制定，其职责包括：一是根据章程对仲裁委员会及其组成人员、仲裁员的违纪行为进行监督；二是依照《仲裁法》和《民事诉讼法》的有关规定制定仲裁规则。

### 10.1.3 仲裁协议

1. 仲裁协议的概念和内容

仲裁协议是双方当事人决定将纠纷事项提请仲裁的共同意思表示，包括双方当事人在合同中订立的仲裁条款和以其他书面方式在纠纷发生前或者纠纷发生后达成的请求仲裁的协议。

仲裁协议应当具有下列内容：

（1）请求仲裁的意思表示。

（2）仲裁事项。

（3）选定的仲裁委员会。

以上三项内容，缺少任何一项，都会导致仲裁协议的不完整，直接影响到仲裁协议本身的效力。

2. 仲裁协议的效力

仲裁协议独立存在，合同的变更、解除、终止或者无效，不影响仲裁协议效力。仲裁庭有权确认合同的效力。当事人对仲裁协议的效力有异议的，可以请求仲裁委员会或者请求人民法院作出裁定。一方请求仲裁委员会作出决定，另一方请求人民法院作出裁定的，由人民法院裁定。当事人对仲裁协议的效力有异议，应当在仲裁庭首次开庭前提出。

3. 仲裁协议无效的法定情形

根据《仲裁法》的规定，有下列情形之一的，仲裁协议无效：① 约定的仲裁事项超出法律规定的仲裁范围的；② 无民事行为能力人或者限制民事行为能力人订立的仲裁协议；③ 一方采取胁迫手段，迫使对方订立仲裁协议的；④ 口头订立的仲裁协议。另外，仲裁协议对仲裁事项或者仲裁委员会没有约定或者约定不明确，当事人如果达不成补充协议，也会导致仲裁协议无效。

**案例 10-1**

甲、乙房地产开发公司签订商品房买卖合同，合同约定如双方发生纠纷，则向仲裁机构申请仲裁或者向法院提起诉讼。后双方因合同履行发生争议。甲公司向仲裁机构申请仲裁，乙公司却向法院提起诉讼。请分析：双方应当通过何种途径解决争议？

**案例分析**

我国解决纠纷实行“或裁或审”制度。如果当事人达成仲裁协议，应当通过仲裁方式解决纠纷，如果不能达成仲裁协议或者纠纷不属于仲裁范围，应当通过诉讼方式解决。甲乙公司在商品房买卖合同中对争议的解决途径和方式约定不明确，无法判断他们究竟是想通过仲裁解决争议，还是通过诉讼解决争议。如果双方在争议发生后仍无法达成仲裁协议，则只能通过诉讼解决该合同纠纷。

课堂随笔

### 10.1.4 仲裁程序

1. 申请与受理

（1）申请。申请指一方当事人，根据合同仲裁条款或者事后达成的仲裁协议，依法向仲裁委员会请求对所发生的纠纷进行仲裁的行为。

**知识链接**

当事人申请仲裁应当符合下列条件：① 有仲裁协议；② 有具体的仲裁请求和事实、理由；③ 属于仲裁委员会的受理范围。

当事人申请仲裁，应当向仲裁委员会递交仲裁协议、仲裁申请书及副本。

申请书应写明以下内容：① 申请人姓名、地址；② 法定代表人名称、职务；③ 申请的理由和要求；④ 提供的证据、证人姓名和地址。证据包括原合同副本及来往文件等。

案例 10-2

仲裁申请书

申请人：××× 省物资贸易公司

地址：××× 市淮河路 350 号

法定代理人：夏 ×× 职务：总经理

委托代理人：杨 ××，××× 律师事务所律师

被申请人：××× 市 ××× 贸易公司

地址：××× 市正义路 135 号

法定代表人：李 ×× 职务：经理

案由：购销合同货款纠纷

仲裁请求：1. 付清所欠货款 ××× 万元

2. 赔偿申请人经济损失 ×× 万元

事实和理由：

× 年 × 月 × 日申请人和被申请人签订了一份钢材购销合同，合同中对钢材的规格、数量、品名、货款、交货地点、付款方式和期限等都有明确的约定（详见合同）。合同签订后，申请人按照合同的约定向被申请人交付 × 吨钢材，总货款 × 万元，被申请人收货后仅付货款 × 万元，尚欠 × 万元。申请人多次催要，被申请人以经济效益不好为借口，至今未付清所欠货款，由于被申请人的违约行为严重影响了申请人正常的经营活动，给申请人造成了巨大的经济损失。

为维护申请人的合法权益，根据双方的仲裁协议特向贵仲裁委员会申请仲裁。

证据和证据来源：

× 年 × 月 × 日申请人与被申请人签订的钢材购销合同；× 年 × 月 × 日被申请人向申请人支付的银行汇票一张。

此致

××× 仲裁委员会

申请人：×× 省物资贸易公司

法定代表人：夏 ××

委托代理人：（签名、盖章）

× 年 × 月 × 日

附：1. 钢材购销合同一份

2. 银行汇票一张

3. 本申请人副本一份

课堂随笔

（2）受理。受理指仲裁委员会审查仲裁申请后，认为符合受理条件，应当受理并通知当事人；认为不符合受理条件的，书面通知当事人不予受理，并说明理由。仲裁委员会决定是否受理的时限是 5 日；仲裁委员会受理仲裁申请后，应当在仲裁规则规定的期限内将

仲裁规则和仲裁员名册送达被申请人。被申请人收到仲裁申请书副本后，应当在仲裁委员会规定的期限内向仲裁委员会提交答辩书；可以承认或者反驳仲裁请求，也有权提出反请求。仲裁委员会收到答辩书后，应当在仲裁规则规定的期限内，将答辩书副本送达申请人。被申请人未交答辩书的，不影响仲裁程序的进行。

**案例 10-3**

仲裁答辩状

答辩人：××× 市 ××× 贸易公司

地址：××× 市沿河路 ××× 号

法定代理人：雷 ×× 职务：总经理

委托代理人：杨 ××，××× 市 ×× 律师事务所律师

答辩人就申请人因与答辩人之间发生的购销合同货款争议向你会提出的仲裁请求提出答辩如下：

答辩人与申请人 × 年 × 月 × 日签订的钢材购销合同，合同对钢材的规格、数量、质量、品名、付款方式及期限作了明确约定。合同签订后，申请人按照合同约定的期限向答辩人交付 × 吨钢材，答辩人验收时发现该批钢材有 × 吨规格和品名与合同的约定不相符合，且有质量问题。答辩人按照合同的约定期限向申请人支付了合格部分的钢材货款 × 万元，同时，要求申请人严格履行双方订立的钢材购销合同，向答辩人提供符合合同约定的钢材，但申请人至今未能向答辩人提供符合约定的钢材。

综上所述，申请人所提供的要求和事实不符合双方实际履行合同的状况。答辩人对不符合合同规定的钢材拒绝支付货款合法有据，履行合同过程中无违法行为，依法不承担申请人的经济损失。故提请仲裁委员会驳回申请人的仲裁请求。

此致

××× 仲裁委员会

答辩人：×× 市 ×× 贸易公司（盖章）

法定代表人：（签名、盖章）

委托代理人：（签名、盖章）

× 年 × 月 × 日

附：1. 钢材购销合同一份

2. 质检报告书

3. 本答辩书副本 × 份

课堂随笔

2. 仲裁庭的组成

仲裁委员会受理仲裁申请后，组成仲裁庭裁决案件，仲裁庭行使仲裁权。

仲裁庭的组成有两种形式：一种是由 3 名仲裁员组成的合议庭，一种是由 1 名仲裁员任独任仲裁员。前者应当由双方当事人各自选定或者各自委托仲裁委员会主任指

定1名仲裁员，第3名仲裁员由当事人共同选定或者共同委托仲裁委员会主任指定，第3名仲裁员是首席仲裁员。后者应当由当事人共同选定或者共同委托仲裁委员会指定仲裁员。

仲裁庭组成后，仲裁委员会应当将仲裁庭的组成情况书面通知当事人。

仲裁员有下列情形之一的，必须回避，当事人也有权提出回避申请：

（1）是本案当事人或者当事人、代理人的近亲属。

（2）与本案有利害关系。

（3）与本案当事人、代理人有其他关系，可能影响公正仲裁的。

（4）私自会见当事人、代理人或者接受当事人、代理人请客送礼的。

当事人提出回避申请，应当说明理由，在首次开庭前提出。回避事由在首次开庭后知道的，可以在最后一次开庭终结前提出。仲裁员是否回避，由仲裁委员会主任决定；仲裁委员会主任担任仲裁员时，由仲裁委员会集体决定。

3. 开庭和裁决

（1）开庭。开庭是仲裁庭在双方当事人的法定代表人或委托代理人、律师等参加下，对仲裁请求进行审理和裁决的活动。

仲裁应当开庭进行，但当事人协议不开庭的，仲裁庭可以根据仲裁申请书、答辩书及其他材料作出裁决。仲裁一般不公开进行，但当事人协议公开的，可以公开进行，涉及国家秘密的除外。

仲裁委员会应当在规定的期限内将开庭日期通知双方当事人。当事人有正当理由的，可以在规定的期限内请求延期开庭。是否延期由仲裁庭决定。申请人经书面通知，无正当理由不到庭或者未经仲裁庭许可中途退庭的，视为撤回仲裁申请。被申请人经书面通知，无正当理由不到庭或者未经仲裁庭许可中途退庭的，可以缺席裁决。

当事人申请仲裁后，可以自行和解，也可以撤回仲裁申请。当事人达成和解协议，撤回仲裁申请后反悔的，还可以根据仲裁协议申请仲裁。

（2）裁决。是指仲裁庭依法满足或驳回申请人的仲裁请求，解决纠纷的实体事项作出的决定叫裁决。

仲裁庭在作出裁决前，可以先行调解。当事人自愿调解的，仲裁庭应当调解。调解不成的，应当及时作出裁决。调解达成协议的，仲裁庭应当制作调解书或者根据协议的结果制作裁决书。调解书与裁决书具有同等法律效力。调解书经双方当事人签收后，即发生法律效力。在调解书签收前当事人反悔的，应当及时裁决。裁决应当按照多数仲裁员的意见作出。少数仲裁员的不同意见可以记入笔录。仲裁庭不能形成多数意见时，裁决应当按照首席仲裁员的意见作出。裁决书自作出之日起发生法律效力。

4. 申请撤销仲裁裁决

小贴士

你知道申请撤销裁决的条件和期限吗?

当事人提出证据证明裁决有下列情形之一的，可以向仲裁委员会所在地的中级人民法院申请撤销裁决：①没有仲裁协议的；②裁决的事项不属于仲裁协议的范围或者仲裁委员会无权仲裁的；③仲裁庭的组成或者仲裁的程序违反法定程序的；④裁决所根据的证据是伪造的；⑤对方当事人隐瞒了足以影响公正裁决的证据的；⑥仲裁员在仲裁该案时，有索贿受贿、徇私舞弊、枉法裁决行为的。

当事人申请撤销仲裁裁决，应当自收到裁决书之日起 6 个月内提出。

知识链接

**撤销仲裁裁决申请书**

申请人：×××

法定代表人：×××

委托代理人：×××

申请撤销的事实和理由：

……

根据《仲裁法》的规定，特向 ××× 市中级人民法院提出申请，请求撤销 ××× 仲裁委员会的仲裁裁决。

此致

××× 市中级人民法院

申请人：×××

法定代表人：×××

委托代理人：×××

× 年 × 月 × 日

附：仲裁裁决书副本一份

人民法院受理撤销裁决的申请后，认为可以由仲裁庭重新仲裁的，通知仲裁庭在一定期限内重新仲裁，并裁定中止撤销程序。仲裁庭拒绝重新仲裁的，人民法院应当裁定恢复撤销程序。

对当事人撤销仲裁裁决的申请，人民法院应当组成合议庭审查核实。如果确有《仲裁法》规定的可以撤销仲裁裁决的情形，应当裁定撤销。人民法院认定仲裁裁决违背社会公共利益的，应当裁定撤销。人民法院应当在受理撤销裁决申请之日起 2 个月内作出撤销裁决或者驳回申请的裁定。

5. 仲裁裁决的执行

《仲裁法》规定，当事人应当履行仲裁裁决。一方当事人不履行的，另一方当事人可以依照《民事诉讼法》的有关规定向人民法院申请执行，受理申请的人民法院应当执行。被申请人提出证据证明裁决有下列情形之一的，经人民法院组成合议庭审查核实，裁定不予执行：① 合同中没有仲裁条款或者事后没有达成书面仲裁协议的；② 裁决的事项不属于仲裁协议的范围或者仲裁机构无权仲裁的；③ 仲裁庭的组成或者仲裁的程序违反法定程序的；④ 认定事实的主要证据不足的；⑤ 适用法律确有错误的；⑥ 仲裁员在仲裁该案时有贪污受贿、徇私舞弊、枉法裁决行为的。

一方当事人申请执行裁决的，另一方当事人申请撤销裁决的，人民法院应当裁定中止执行。人民法院裁定撤销裁决的，应当裁定终结执行。撤销裁决的申请被裁定驳回的，人民法院应当恢复执行。

## 10.2 经济诉讼

### 10.2.1 经济诉讼概述

1. 诉讼和经济诉讼

**知识链接**

诉讼是指根据司法机关，在当事人及其他参与人的参加下，解决案件并进行判决的活动。

**知识链接**

经济诉讼是指人民法院在双方当事人和其他诉讼参与人的参与下，按照法定程序，审理解决纠纷案件并作出判决的活动。

2. 经济诉讼适用的基本原则

（1）依法独立行使审判权的原则。

（2）以事实为根据，以法律为准绳的原则。

（3）对当事人在适用法律上一律平等的原则。

（4）根据自愿进行调解的原则。

## 10.2.2 经济审判组织及收案范围

1. 我国的经济审判机构

经济审判是指人民法院依法对国内经济纠纷案件和涉外经济纠纷案件进行审理判决的活动。

根据《中华人民共和国人民法院组织法》规定，在我国各级人民法院专门法院内设立专门审理各种经济纠纷案件的经济审判机构。根据法律规定，我国的经济审判机关和机构由两部门组成：一是最高人民法院和地方各级人民法院所普遍设立的民事审判庭；二是国家设立的各专门经济法院审理其管辖范围内的专门经济纠纷案件。

2. 经济审判管辖

审判管辖就是各级和同级人民法院之间，根据案件的不同情况划分的受理经济纠纷案件的权限。

（1）级别管辖。

我国人民法院实行“四级二审制”。如表 10-1 所示。

表10-1 四级二审制

| 四级 | 管辖 |
| --- | --- |
| 基层人民法院 | 第一审人民法院，一般的经济纠纷案件 |
| 中级人民法院 | 重大的涉外经济纠纷案件；本辖区内有重大影响的第一审经济纠纷案件；基层人民法院第一审经济纠纷的上诉二审法院 |
| 高级人民法院 | 辖区内有重大影响的第一审经济纠纷案件；中级人民法院第一审经济纠纷的上诉案件 |
| 最高人民法院 | 在全国有重大影响的第一审经济纠纷案件；认为应自己审理的第一审经济纠纷案件；高级人民法院第一审经济纠纷的上诉案件的二审法院 |

最高人民法院审理的第一审案件和上诉的案件均为终审案件。二审制也叫“两审终审制”,即一个经济纠纷案件最多审理两次,其中二审法院的判决为终审判决,当事人不得上诉。

（2）地域管辖。

地域管辖是指根据当事人以及标的物与地域之间的关系，确定同级人民法院之间受理第一审经济纠纷案件的分工和权限。具体分为：

① 一般地域管辖，即由被告住所地人民法院管辖。

② 特殊地域管辖，即在一般地域管辖之外，针对特殊情况关于管辖的规定。

③ 协议地域管辖，即合同的双方当事人可以在书面合同中协议选择被告住所地、合同履行地、合同签订地、原告住所地、标的物所在地人民法院管辖，但不得违反有关级别管辖和专属管辖的规定。

④ 专属地域管辖，即因不动产纠纷提起的诉讼由不动产所在地人民法院管辖，因港

口作业中发生纠纷提起的诉讼由港口所在地人民法院管辖，因继承遗产纠纷提起的诉讼由被继承人死亡时住所地或主要遗产所在地人民法院管辖。

知识链接

**特殊地域管辖的具体规定**

合同纠纷由被告住所地或合同履行地人民法院管辖；保险合同纠纷由被告住所地或保险标的物所在地人民法院管辖；票据纠纷由票据支付地或被告住所地人民法院管辖；交通运输合同纠纷由运输始发地、目的地或被告住所地人民法院管辖；侵权纠纷由侵权行为地或被告住所地人民法院管辖；交通事故损害赔偿纠纷由发生地或车辆、船舶最先到达地、航空器最先降落地或被告住所地人民法院管辖；船舶碰撞或其他海损事故损害赔偿纠纷由碰撞发生地、碰撞船舶最先到达地、加害船舶被扣地或被告住所地人民法院管辖；海难救助费纠纷由救助地或救助船舶最先到达地人民法院管辖；共同海损纠纷由船舶最先到达地、共同海损理算地或航程终止地人民法院管辖。

⑤ 共同地域管辖，即同一诉讼的几个被告住所地、经常居住地在两个以上人民法院辖区的，各人民法院都有管辖权。两个以上人民法院都有管辖权的诉讼，原告可以向其中一个人民法院起诉;原告向两个以上有管辖权的人民法院起诉的，由最先立案的人民法院管辖。

（3）移送管辖。

移送管辖是指人民法院受理某一案件后，发现自己对此案并无管辖权，移送给有管辖权的人民法院审理，或者在特定的情况下，下级人民法院将自己有管辖权的案件，报请上级人民法院审理，或者上级人民法院将自己有管辖权的案件，交给下级人民法院审理。

（4）指定管辖。

指定管辖是指人民法院之间因管辖权发生争议，或者有管辖权的人民法院由于特殊原因不能行使审判权，由它们的共同上级人民法院指定某一人民法院审理。



3. 经济审判机构的收案范围

（1）人民法院经济审判庭收案范围：

① 经济合同纠纷案件。

② 技术合同纠纷案件。

③ 涉外和港、澳、台经济纠纷案件。

④ 农村承包合同纠纷案件。

⑤ 经济损害赔偿纠纷案件。

⑥ 工业产权纠纷案件。

⑦ 企业破产案件。

⑧ 企业联营、承包经营、租赁经营合同纠纷案件。

⑨ 其他经济纠纷案件。

（2）海事法院的收案范围。

根据《最高人民法院关于海事法院收案范围的规定》，海事法院受理下列案件：

① 海事侵权纠纷案件。

② 海商合同纠纷案件。

③ 其他海事海商纠纷案件。

④ 海事执行案件。

⑤ 海事请求保全案件。

（3）铁路运输法院的收案范围。

各铁路运输法院受理与铁路运输与关的经济纠纷案件，包括：

① 与铁路运输有关的合同纠纷案件。

② 与铁路运输有关的侵权纠纷案件。

③ 违反铁路安全保护法规的案件。

④ 最高人民法院指定铁路运输法院受理的经济案件。

⑤ 与铁路运输有关的其他经济纠纷案件。

4. 经济纠纷案件的诉讼时效

经济时效是指权利人在时效期间内不行使权利，即丧失由人民法院依照诉讼程序保护其权利的权利。有关法律、法规对经济纠纷的诉讼时效作了明确规定，如专利侵权纠纷等诉讼时效为 2 年，自权利人知道或者应当知道权利被侵害之日起计算；产品质量争议（产品质量损害赔偿除外）等诉讼时效为 1 年；国际货物买卖合同和技术进出口合同的诉讼时效是 4 年等。经济纠纷的当事人向人民法院提起经济诉讼，应当遵守诉讼时效规定。

### 10.2.3 经济纠纷审判程序

1. 第一审程序

第一审程序是指人民法院受理当事人起诉案件所适用的程序。通常包括以下几个阶段：

（1）起诉和受理。

原告起诉应向有管辖权的人民法院提起，并与本案有直接利害关系，有明确的被告、具体的诉讼请求、事实和理由。起诉采用书面形式，应提交起诉状和副本及有关证据等。人民法院经审查后，认为符合上述条件的，应在 7 日内立案，并在立案之日起 5 日内将起诉状副本送达被告，由被告针对原告请求的事实和理由，在收到起诉状副本之日起 15 日内提出答辩状。

（2）调查和调解。

案件受理后，人民法院审判人员必须认真审核诉讼材料，调查收集必要的证据，并根据当事人自愿的原则，在事实清楚的基础上，分清是非，进行调解。调解达成协议，必须双方自愿，调解协议的内容不得违反法律规定。对调解达成协议的，人民法院应当制作调解书。调解书经双方当事人签收后，即具法律效力。对调解未达成协议或调解书送达前一方反悔的，人民法院应当及时判决。

（3）开庭审理。

人民法院应在开庭 3 日前通知当事人和其他诉讼参与人。凡公开审理的，应公告当事人姓名、案由和开庭的时间、地点。开庭前。书记员应查明当事人和其他诉讼参与人是否到庭，宣布法庭纪律。开庭时，审判长宣布案由，宣布审判人员，书记员名单，告知当事人有关的诉讼权利义务，询问当事人是否申请回避。法庭调查按下列顺序进行：当事人陈述、证人作证、宣读未到庭的证人证言；出示书证、物证和视听资料；宣读鉴定结论；宣读勘验笔录。当事人在法庭上可以提出新的证据，也可以要求重新进行调查、鉴定或勘验。如原告增加诉讼请求或被告提出反诉，可以合并审理。在法庭辩论中，原被告依次发言、答辩，再互相辩论，辩论终结，由审判长按原被告先后顺序征询双方最后意见，进行法庭调解，调解不成的，应当及时判决。

2. 第二审程序

第二审程序是指当事人不服地方各级人民法院和专门法院的第一审判决、裁定而上诉至上一级人民法院进行审理所适用的程序。对判决的上诉期限为 15 日，对裁定的上诉期限为 10 日。当事人提交的上诉状的内容应包括：当事人的姓名、法人的名称及其法定代表人的姓名或其他组织的名称及其主要负责人的姓名；原审人民法院名称、案件的编号和案由；上诉的请求和理由。

第二审人民法院的判决、裁定是终审判决、裁定，当事人不得再上诉。对发回原审人民法院重审的案件，由于适用第一审程序，当事人对其判决、裁定不服，仍可以上诉。



3. 审判监督程序

审判监督程序是指人民法院对已经发生法律效力的判决、裁定发现确有错误，依法进行再审予以纠正的一种特殊程序。再审程序的提起，通常有 4 种情况：

（1）由本院院长提出，提交审判委员会讨论决定。

（2）由最高人民法院、上级人民法院提审或指令下级人民法院再审。

（3）由最高人民检察院、上级人民检察院按审判监督程序提出抗诉。

（4）由当事人申请，经人民法院审查决定是否再审。

但当事人申请再审必须在判决、裁定发生法律效力后 2 年内提出，并不得因申请再审停止判决、裁定的执行。

**知识链接**

**第二审人民法院对上诉案件进行审理后做出的处理**

（1）判决驳回上诉，维持原判决。

（2）依次改判。

（3）裁定撤销原判决，发回原审人民法院重审。

4．执行程序

对已经发生法律效力的判决、裁定和调解书，义务人应自动执行。如拒不执行，权利人可以在法定期限内（双方或一方当事人为公民的为1年，双方都是法人或其他组织的为6个月）向人民法院申请执行。所谓执行程序就是人民法院依法强制经济纠纷案件的义务人履行义务的特殊程序。执行的具体措施：扣留、提取、划拨被执行人的收入或银行、信用合作社存款，查封、扣押、冻结、拍卖、变卖被执行人的财产等。对于人民法院发出的协助执行通知书，有关单位和个人必须办理。

**本章实训**

学习经济仲裁和经济诉讼，理解出现经济纠纷应如何处理，应怎样运用法律武器保护自己的权益。

## 一、实训目标

能应用经济仲裁和经济诉讼制度，处理现实生活中出现的经济纠纷。

## 二、实训步骤

（1）针对基础理论学习内容，由教师提出问题：当出现经济纠纷时应如何应对？

（2）根据市场实际收集案例、实例。

（3）学生分组对收集的案例、实例进行分析讨论。

（4）根据案例、实例编写起诉状、答辩状。

（5）教师进行课堂总结。

## 三、实训注意事项

（1）教师要引导学生积极进行案例和实例的收集和讨论。

（2）引用典型案例，培养和提高学生的学习兴趣和实际应用能力。

（3）学生组长要切实负责，使讨论形成气氛，取得效果。

**思考与练习**

## 一、填空题

1．仲裁委员会由主任 ________ 人、副主任 ________ 人和委员 ________ 人组成。

仲裁委员会的组成人员中，法律、经济贸易专家不得少于 ________。

2. 仲裁协议独立存在，合同的 ________、________、________ 或者 ________，不影响仲裁协议效力。

3. 我国解决纠纷实行“________”制度。

4. 当事人申请仲裁，应当向仲裁委员会递交 ________、________ 及 ________。

5. 仲裁庭的组成有两种形式：一种是由 3 名仲裁员组成的 ________，一种是由一名仲裁员任 ________。

6. 我国人民法院实行“________”。二审制也叫“________”。

## 二、单项选择题

1. 根据我国《仲裁法》的规定，下列纠纷不可以仲裁的是（　　）。

A. 公民之间的债权债务纠纷　　B. 平等主体之间的合同纠纷

C. 平等主体的法人之间发生的财产权益纠纷　　D. 婚姻、监护、继承纠纷

2. 仲裁员是否回避，由（　　）决定。

A. 仲裁委员会集体　B. 仲裁委员会主任　C. 仲裁庭庭长　D. 仲裁庭集体

3. 我国仲裁实行（　　）裁终局的原则。

A. 一　B. 二　C. 三　D. 四

4. 当事人申请撤销仲裁裁决，应当自收到裁决书之日起（　　）内提出。

A. 1 个月　B. 2 个月　C. 3 个月　D. 6 个月

5. 人民法院应在开庭（　　）前通知当事人和其他诉讼参与人。

A. 3 日　B. 5 日　C. 7 日　D. 10 日

6. 当事人申请再审必须在判决、裁定发生法律效力后（　　）内提出，并不得因申请再审停止判决、裁定的执行。

A. 2 个月　B. 6 个月　C. 1 年　D. 2 年

7. 人民法院实行（　　）审判制度。

A. 一审终审　B. 两审终审　C. 或裁或审　D. 三审终审

8. 对已经发生法律效力的判决、裁定和调解书向人民法院申请执行的期限：双方或一方当事人是公民的为（　　），双方都是法人或其他组织的为（　　）。

A. 1 年，6 个月　B. 3 个月，6 个月

C. 6 个月，3 个月　D. 6 个月，1 年

9. 甲乙因继承发生纠纷，甲根据自愿达成的仲裁协议向仲裁机构申请仲裁，仲裁机构已经立案，并向乙发出了应诉通知书，而乙拒绝应诉并向当地人民法院起诉，该纠纷应

由（　　）来解决。

A．仲裁机关　　　　B．甲乙双方协商确定处理机关

C．仲裁机关与人民法院协商　　　　D．人民法院

10．当事人不服一审判决的，上诉期限为（　　）。

A．7日　　B．10日　　C．15日　　D．30日

## 三、判断题

1．仲裁不实行级别管辖和地域管辖，仲裁机构之间也是相互独立的。（　　）

2．因票据纠纷提起的诉讼，由票据收付地或者被告住所地人民法院管辖。（　　）

3．婚姻、收养、监护、抚养、继承纠纷可以仲裁。（　　）

4．仲裁协议书可以在纠纷发生前订立，也可以在纠纷发生后订立。（　　）

5．当事人达成仲裁协议的，一方向人民法院起诉的，人民法院可以受理。（　　）

6．仲裁委员会是组织进行仲裁工作、解决经济纠纷的国家机关法人。（　　）

7．口头订立的仲裁协议有效。（　　）

8．当事人对仲裁决议的效力有异议的，应当在仲裁庭开庭后提出。（　　）

## 四、名词解释

1．经济仲裁　　2．经济审判　　3．诉讼时效　　4．仲裁机构

## 五、简答题

1．经济仲裁程序有哪些阶段？

2．经济审判机构的收案范围有哪些？

3．经济审判有哪些程序？

## 六、案例分析题

1．某水果商店甲与供货公司乙签订供销合同，由乙公司向甲商店供应水果6吨，乙公司按合同约定的时间向甲商店供应水果6吨，甲商店收到水果，以水果质量不符合合同的约定为由拒绝支付货款，双方发生争执。如果甲商店和乙公司在合同中订有仲裁条款，甲商店不去双方约定的仲裁委员会解决纠纷，而向法院起诉。请分析：法院是否应该受理此案？请简要说明理由。

2．某市A化工厂排放的废水污染了某县B村的水库，损失高达数万元。B村遂向法院提起诉讼进行索赔。经法院调解后，该化工厂同意赔偿索赔金额的60%，B村表示同意。后在调解书送达时，B村反悔，拒绝签收，要求按原诉讼请求赔偿。请分析：该案应由何地法院管辖？法院应如何处理该纠纷？简要说明理由。

# 参考文献

1. 吕勇．经济法．北京：高等教育出版社，2006

2. 曲振涛，王福友．经济法(第3版)．北京：高等教育出版社，2007

3. 李正义，俞木传．经济法概论．大连：东北财经大学出版社，2002

4. 雷裕春．经济法（第4版)．上海：立信会计出版社，2010

5. 秦雷．经济法．北京：清华大学出版社，2010

6. 财政部会计资格评价中心．经济法．北京：中国财经出版社，2009

7. 李艳芳．经济法案例分析．北京：中国人民大学出版社，2006

8. 陈炳勋．经济法律法规．北京：高等教育出版社，2005

9. 吴兴华．经济法概论．北京：机械工业出版社，2008

10. 王永吉．经济法基础知识..北京：中国财政经济出版社，2002